KB041306

신은 왜 내 소원을 들어 주지 않을까?

신은 왜 내 소원을 들어 주지 않을까?

초판 1쇄 | 2014년 6월 5일

지은이 | 금석
발행인 | 설응도
발행처 | 라의눈

출판등록 | 2014년 1월 13일(제2014-000011호)
주소 | 서울시 서초구 서초중앙로29길 26(반포동) 낙강빌딩 2층
전화번호 | 02-466-1283
팩스번호 | 02-466-1301
e-mail | eyeofrabooks@gmail.com

ISBN 979-11-952558-0-1 03100

신은 왜 내 소원을 들어 주지 않을까?

| 금석 지음 |

라의눈

■ 프롤로그

깨닫는다는 것
'도'를 얻는다는 것

그것은 마치 장님이 눈을 뜨는 것과 같다.

여기 한 사람이 있다.

그는 태어나면서부터 이 세상에 있는 모든 것을 하나도 볼 수가 없었다.

그는 지나가는 모든 사람을 붙잡고 물었다.

"구름이 어떻게 생겼나요?"

사람들은 이 세상의 모든 말을 다 동원해서 구름에 대해 설명하려 했지만, 아무도 그에게 구름이 어떤 건지 가르쳐줄 수가 없었다.

분명 이 세상에는 구름이 존재한다.

한 번도 본 적은 없지만 장님도 구름이 있다는 건 알고 있다.

어떻게 하면 그 장님은 구름을 알 수 있을까?
그 길은 오직 한 가지밖에 없다.
'눈을 뜨는 것'

눈을 뜨는 순간 어떠한 설명도 필요 없이 알게 된다.
'아하! 저것이 구름이었구나.'
뿐만 아니라 다른 모든 것도 한눈에 보게 되고 알게 된다.

우리는 '신'이 있을 거라는 걸 안다.
우리는 '영혼'이 있을 거라는 걸 안다.
우리는 죽음 뒤에도 뭔가가 있을 거라는 걸 안다.
우리는 이 세상을 살면서 내 마음대로 다 할 수는 없다는 걸 안다.
우리는 우리가 알 수 없는 많은 원초적인 의문을 가지고 있다.

마음의 눈을 뜨면
장님이 구름을 보고, 또 이 세상 만물을 한눈에 보게 되듯이
세상 모든 이치를 알게 되고
그 이유를 알게 되고
비로소 '나'를 알게 된다.

| 차례 |

프롤로그_ 깨닫는다는 것, '도'를 얻는다는 것 ………… 4

• 신은 왜 내 소원을 들어 주지 않을까? ………… 11

• 우리는 어디서 왔다 어디로 가는가? ………… 19

• 우리는 윤회하는가? ………… 27

• 종교는 어떻게 생기게 되었나? ………… 33

• 신은 존재하는가? ………… 43

• 죽음, 그 다음엔 무엇이 있나? ………… 49

• 운명이란 있는가, 있다면 누가 정하는가? ………… 55

• 나는 누구인가? ………… 63

• 생각이란 무엇인가? ………… 69

• 전생 인연은 있는가? ………… 81

• 내가 존재하는 이유는 무엇인가? 87

• '업'이란 무엇인가? 93

• 영혼에도 본성이 있는가? 99

• 왜 이렇게 사는 게 힘들까? 105

• '진리가 너희를 자유케 하리라'는 말의 의미 111

• 사람의 의지로 운명을 극복할 수 있을까? 123

• 살다 보면 가끔씩 울고 싶을 때가 있다 129

• 인연의 굴레는 왜 그렇게 지독할까? 137

• 이 세상을 움직이는 법칙이 있다 147

• 철학이란 신의 뜻을 알려는 노력이다 155

• 실체는 무엇이고, 비 실체는 무엇인가? ······ 161

• 내 속에 내가 너무도 많아 ······ 169

• 개똥밭을 굴러도 이승이 좋다? ······ 177

• 절대로 신에게 매달리지 말라 ······ 185

• 육감이란 것은 무엇일까? ······ 191

• 두려워할 것은 아무것도 없다 ······ 197

• 어떻게 살아야 하는가? ······ 205

• 씨발, 왜 하필 나야? ······ 211

• 때가 되면 저 세상으로 보내 주는 것이 순리다 ······ 219

• 왜 하루 세끼를 먹도록 만들어졌을까? ······ 229

• 그래도 돌아갈 곳은 집뿐이다 ······ 233

• 자살이라는 것에 대하여 ······ 239

• 아이는 키우는 것이 아니다 ······ 243

• 신은 존재한다 그러나 당신이 원하는 그런 신은 없다 ······ 253

• 사랑하는 사람의 죽음 앞에 눈물 흘리는 이유 ······ 265

• '참나'란 무엇인가? ······ 271

• 어떻게 해야 '참나'를 만날 수 있나? ······ 277

• 부처의 눈은 왜 아래를 보고 있을까? ······ 285

• 영혼에도 나이가 있을까? ······ 289

• 우리는 왜 끝없이 싸우는가? ······ 297

• 이 세상에 종말이라는 것이 올까? ······ 309

에필로그_ 당신의 영혼이 하는 일은 신도 간섭하지 못한다 ······ 315

신은 왜 내 소원을 들어 주지 않을까?

만약에 신이 있다면 사람들이 살아가면서 만나게 되는 수많은 고난과 고통을, 너무나 절실해서 그 고통을 굳이 외면하는 신을 저주하고 타도해 버리고 싶은 그 많은 소원들을 신은 왜 한 번도 들어주지 않는 걸까?

누구나 살아가면서 한번쯤은 생각해봤을 것 같은 이 의문에 대해 신은 왜 그럴 수밖에 없는지 설명하고자 한다.

이제부터 하는 설명을 알아들으려면 신이 정확히 무언지, 어떤 존재인지를 알아야 한다. 신이 무엇이고 어떤 존재인지를 한마디로 알아듣도록 말하고, 납득할 수 있다면 참으로 편하고 좋겠지만 유감스럽게도 그게 불가능하다.

신이라는 존재는 너무나 크고 범위가 넓어서 사람이 생각할 수 있는 사고의 한계를 넘어서 있기 때문이다. 뿐만 아니라 사람의 말이라는 것이 표현 못 할 것이 없을 것 같지만 막상 뭔가를 표현하려고 하면 아무것도 표현할 수가 없다.

불을 모르는 사람에게 불을 표현하려면 뭐라고 해야 할 것인가?

물은 뭐라고 표현할 것인가?

사과는? 배는? 쌀은? 나무는? 구름은?

막상 표현을 하려고 하면 아무것도 표현이 안 된다.

그런 작은 것 하나, 눈에 보이는 것 하나조차도 표현할 수 없는 말을 가지고 '신'을 표현한다는 것은 전혀 가능하지가 않다. 게다가 우리 인간은 육신이라는 틀에 갇혀 그 육신의 한 조각인 뇌세포가 만들어 내는 생각이 전부인줄 아는 존재다. 그런 사람의 작은 두뇌가 이해할 수 있는 범위는 아주 작다. 몸만 벗어나도 생각으로는 모르는 것투성이다. 심지어는 그 몸 안에 있는 것조차 모르는 것이 더 많은 것이 사실이다. 그런 머리로 신을 이해한다는 것은 애초에 불가능한 일이다.

그러나 다행스럽게도 인간은 삼중의 존재다. 인간은 육신, 뇌가 만들어 내는 생각 또는 정신, 그리고 그것보다 훨씬 큰 또 하나의 나이자 참주인인 영혼으로 이루어져 있다. 신은 영혼의 영역이다. 내 영혼과 통하지 않고는 이해할 수 없다. 그러면 그 영혼은 어디에 있으며, 왜 있으며, 내게 어떤 역할을 하며, 나는 어떻게 영혼의 존재를 알 수 있고 그것과 만날 수 있을까?

그 점에 대해서는 고민하지 않아도 된다. 영혼은 언제 어디서나 항상 우리와 함께 있기 때문이다. 육신이 없는 곳에서도 영혼은 나로서 존재한다. 다만 우리는 그것을 분별할 수 없을 뿐이다. 굳이 분별할 필요도 없지만, 우리가 살아가면서 생길 수밖에 없는, 삶에 대한 원초적인 의문에 대한 해답을 원한다면, 이것을 분별하는 능력이 있어야 한다. 그래야 우리는 영혼에 접할 수 있고, 그 비밀의 문을 들여다볼 수 있다.

영혼과는 무엇으로 소통하는가? 영혼의 언어는 무엇인가?

영혼의 언어는 느낌이다.

우리가 첫 번째로 분별해야 하는 것이 바로 '느낌'과 '생각'이다.

뇌가 끊임없이 만들어 내는 많은 '생각'과 그 사이사이에 섞여 지나가는 영혼의 언어인 '느낌'을 어떻게 구분하고 분별할 것인가? 아주 간단히 구분이 된다. 생각과 느낌은 감지하는 안테나가 다른 곳에 따로 설치되어 있기 때문이다.

생각은 우리 몸의 한 부분인 뇌로부터 오고, 뇌로 감지한다.

그러나 느낌은 영혼으로부터 오고, 가슴으로 감지한다.

이 세상을 살면서 아주 감동적인 상황을 보거나 겪게 되면 어떤 반응이 일어나는가?

가슴이 두근거린다고? 가슴이 설렌다고? 가슴이 찡~ 하다고?

아주 큰 슬픔을 만나 견딜 수 없을 지경이 되면, 가슴이 시리고 가슴이 미어지고 손으로 가슴을 두드리게 된다.

왜 그럴까? 생각은 머리로 하는데 왜 머리를 두드리지 않고 가슴을 치는가?

그렇다. 영혼과의 소통은 머리가 아닌 가슴으로 하기 때문이고, 그것을 감지하는 안테나가 가슴에 있기 때문이다.

가끔 머리를 칠 때도 있다. 똥광을 먹고 팔광을 뒤집어 삼점 날까, 팔광을 먹고 똥광을 뒤집어 삼점 날까, 고민하다가 똥광을 먹었는데 설사를 했을 때는 머리를 친다. 머리를 잔뜩 굴리다가 산 주식이, 다른 건 다 오르는데 그것만 내리면 그때도 머리를 친다.

이런 것들은 가슴으로부터 오는 느낌이 아니라 뇌가 만들어 내는 생각이라서 머리를 치는 것이다.

영혼으로부터 오는 느낌은 가슴으로 감지하기 때문에 가슴이 뛰고, 가슴이 설레고, 가슴이 찡하다. 머리가 설레고 머리가 뛰고 머리가 찡하지 않은 이유가 바로 이 때문이다. 다만 우리는 여태까지 이것을 분별하려고 하지 않았을 뿐, 뇌가 만드는 생각과 영혼의 언어인 느낌은 구분이 되어 있었다.

어떤 사람이 '나는 한 번도 가슴이 설레거나 찡~ 한 적이 없었다.'고 말한다면, 그것도 맞다. 그럴 수 있다. 욕심이 많고, 추구하는 것이 많고, 이루고자 하는 게 많으면 항상 그 생각에 매달리게 되고, 거기에 영혼의 느낌은 끼어들 여지가 없어진다. 그런 사람일수록 많은 것을 이루고 돈을 모으겠지만, 영혼과는 단절된다.

가슴이 없는 인간이 되는 것이다.

깨달음을 얻고자 수행하는 사람들이 첫 번째로 하는 일이, '번뇌'

라고 하는, 뇌가 만들어 내는 욕심과 생각을 끊어내는 것이다. 그래야만 잠시라도 영혼에 접할 기회가 생기고, 영혼이 우리에게 말하는 바를 알 수 있기 때문이다.

다시 처음으로 돌아가 보자. 신은 왜 우리의 소원을 들어주지 않을까?

그것을 알려면 신의 존재를 알아야 한다고 했다. 영혼을 통해서, 그 영혼의 근원으로 가서 직접 보지 않으면 알 수가 없다.

말로는 왜 설명할 수 없는지 예를 들어 보겠다.

우리는 누구나 빨강색이 어떤 건지를 잘 안다. 매일 보고, 만지고, 입고, 색칠하고, 너무나 잘 알고 있다.

그런데 태어날 때부터 장님이라 빨강색을 한 번도 본적이 없는 한 사람이 있다. 그가 빨강색이 어떤 건지 너무 알고 싶으니 가르쳐 달라고, 말로 설명해 달라고 하면 여러분은 어떻게 할 것인가?

나는 빨강색에 대해 너무나 잘 아니까 알아듣게 설명해주고 싶은데, 어떻게 말해야 할 것인가? 머릿속에 수백 가지의 단어들이 떠돌아다니지만 그것들을 다 사용해도 눈 감은 사람에게 빨강색을 설명하지 못한다는 걸 알게 될 뿐이다.

"빨강색이요? 빨갛습니다."

"그러니까 그 빨간 게 어떤 거냐고요?"

"아, 그러니까 사과처럼 빨간 거요."

"사과는 어떤데요?"

“거 왜 있잖아요. 빨간 거. 해도 빨갛고, 저기 자동차도 빨갛네요. 여기 공도 빨갛고요. 당신 피도 빨갛습니다.”

“나는 내 피도 본 적이 없어요. 모르겠어요. 당신은 알지 않습니까? 설명해주세요. 부탁입니다.”

여러분은 분명히 빨강색에 대해 잘 알고 있다. 그런데 그것을 본 적도 없고 볼 수도 없는 사람이 그것에 대해 간절히 묻고 있다. 빨강색은 빨갛다는 말로 밖에 설명이 안 되는데 그 사람은 못 알아듣는다. 아무리 궁리를 해도 인간의 언어로는 설명할 길이 없지만, 그래도 어떻게든 해보기는 하겠다.

‘신’이라는 것을 말로 설명하고 이해시키는 것이 애초에 안 되는 것이지만, 이것을 작게 쪼개어 범위를 축소시키면 혹시 알 수도 있지 않을까란 생각에 부분 부분 설명을 해보겠다. 코끼리의 다리, 몸통, 귀, 꼬리, 여기저기를 만지다보면 그것이 합해져서 어렴풋하게라도 전체 윤곽이 나올지도 모르니까.

여러분들의 머릿속에 코끼리가 그려지면 다행이지만 전혀 생각지도 않은 괴물이 그려질 수도 있다. 그러나 단 한 사람이라도 코끼리를 그릴 수 있으니까, 해 보기로 하겠다.

앞으로의 모든 말들은 결국 신이 무엇인지 설명하는 것이고, 모든 말들의 종점은 신이다. 이 모든 말들을 다 합쳐 놓으면 어렴풋이 신의 모습이 머리에 그려질지 모른다.

첫 번째 의문, 신은 왜 내 소원을 들어주지 않을까?

이 질문에 대한 대답은 '신은 이미 나의 소원을 들어주고 있다.' 이다.

무슨 헛소린가 하고 고개를 갸웃거리겠지만 헛소리가 아니다.

그것이 진리이고 '참'이다.

사람이 이 세상에 오는 것은 그 사람의 영혼이 결정하는 것이다. 또 이 세상 어느 곳으로 와서 어떻게 살아가야 할지도 그 영혼이 결정한다. 마치 배우가 대본을 읽고 하고 싶은 역할을 선택해서 영화 속으로 들어가듯…….

이 세상에 물질의 존재인 몸을 가지고 오기 전의 나(참나인 영혼)는 '이렇게 살고 싶다.' 하는 소원을 가지고 이 세상에 온다. 지금 나의 모습은, 그게 어떤 것이 되었든, 본래의 내가 원했던 것이고, 신은 나의 소원대로 지금의 모습으로 살게 해 준 것이다.

한 번 더 반복하겠다. 신은 이미 내 소원을 들어주고 있고, 그래서 당신은 여기에 있다.

신의 가장 큰 기적은, 당신의 가장 큰 소원인 당신을 이 세상에 오게 만들어 준 것이다.

그러나 인간의 입장에서 볼 때 '신'은 결코 나의 소원을 들어주지 않는다(여기서 말하는 나는 삼중의 존재가 아니다. 영혼을 배제한 육신을 가진, 이 세상에 와 있는 사람의 관점에서의 나를 말한다). 그 이유는 내게 없는 것, 내가 할 수 없는 것, 해서는 안 되는 것을 원하기 때문이다.

내게 있는 것을 소원하는 사람은 없다.

없는 것, 안 되는 것을 소원하니까 들어주지 않는 것이다.

이 세상이 존재하려면 결코 깨서는 안 되는 비밀의 규칙이 있다.

당신이 규칙을 벗어나는 것을 원하는 한, 신은 절대로 들어주지 않는다.

자, 이제 그 비밀의 문을 열어 보기로 하겠다.

고정관념으로 꽉 찬 머리로 읽으려 하면 아무것도 안 보인다.

머리를 비우고 아무 생각 없이 읽기 바란다.

우리는 어디서 왔다 어디로 가는가?

굳이 알려고 할 필요도 없고, 또 알아봐야 아무런 도움도 되지 않는 문제다.

그래도 인생에 대해 고민해 본 사람이라면 이 문제에 대해 당연히 생각해 봤을 것이다.

우선 사람은 무엇인가?

사람은 삼중의 존재라고 이미 말했다. 삼위일체라는 말을 한번쯤 들어보았을 것이다. 무슨 뜻인지도 모르고 여기 저기 끌어다 붙여 사용했겠지만.

이것이 인간의 본질을 가장 잘 표현한 말이다. 세 가지가 합쳐져 하나를 이룬다, 그게 삼위일체다.

세 가지 중 첫째가 영혼이다.

지금도, 또 앞으로도 '영혼이 있다 없다' 논쟁은 영원히 끝나지 않을 것이다.

왜냐하면 이것은 신의 존재와 마찬가지로 증명할 길이 없기 때문이다.

확실한 것은 사람이 믿든 안 믿든 그런 것과는 상관없이 영혼은 존재한다는 것이다. 믿는다고 있고 안 믿는다고 없는 그런 것이 아니라는 말이다. 앞으로 많은 말을 하는 중에 영혼을 알게 되지는 못하더라도 '아하! 이게 있어야 인간 세상이 성립되고 유지되겠구나.' 하는 이해 비슷한 것은 만들어질 것이다.

둘째가 육신이다. 몸이라는 물질, 이것은 굳이 설명하지 않아도 눈에 보이고 만져지니 잘 알 것이다.

셋째가 생각이라는 것이다. 마음? 생각? 어떤 표현이 더 근접한지는 알 수가 없지만 우리 인간의 언어로 더 가까운 말은 없으니 그냥 생각이라고 하겠다.

이 세 가지, 즉 영혼, 육신, 생각이 합쳐져서 사람이라는 하나의 존재를 완성하는데, 여기서 중요한 것은 영혼은 오는 것도 없고 가는 것도 없다는 사실이다.

영혼은 그냥 그 자리에 있을 뿐 오지도 않고 가지도 않는다.

이것이 선지자들이 말하는 '그냥 있다.'의 의미다.

사람을 포함해 모든 물질이 존재하려면 공간이 필요하다. 여기든 저기든 그만큼의 한정된 공간이 필요하고, 그 한정된 공간 안에서만 존재한다. 여기도 있고 저기도 있고, 그럴 수는 없다. 그런데 영혼은 물질이 아니므로 어딘가에 있어야 한다는 개념 자체가 성립되지 않는다. '어딘가'란 의미는 장소 또는 공간을 의미하는데, 물질이 아닌 영혼에게는 해당되지 않는다. 참으로 말로 설명하려니 어렵고 애매한데, 그래도 정리해야 한다.

'영혼은 어디에 있는가?'에서 '어디에'라는 말은 육신을 가진 사람에게는 해당되지만 영혼에게는 질문 자체가 성립되지 않는다. 그러니 '그냥 있다.'고 밖에 말할 수가 없다. 그것이 '그냥 있다.'의 의미다.

우리의 육신은 어디서 왔다가 어디로 가는가?

이것에 대해 가장 근접한 설명을 하고 있는 것이 천부경이다.

천부경은 여든 한 글자로 된 우리 한민족의 경전이다. 그 천부경을 풀어 설명하면 가장 좋겠지만, 그건 불가능하다. 그게 가능하면 애초에 말로 쉽게 설명하지, 그런 암호 같은 난해한 문자로 경전을 만들었겠는가? 영혼은 '그냥 있다.'는 말처럼 아무리 설명해도 알듯 모를 듯, 그렇게 밖에 안 되니, 알면 좋고 모르면 그만인 문자를 나열해 둔 것이다.

일시무시 일석삼극 무진본(一始無始 一析三極 無盡本)

천부경의 첫 구절이다. 하나가 시작되었지만 시작된 것은 아무것도 없고, 그 시작된 하나를 나누어보면 세 가지로 나누어진다. 그러나 그 근본에 있어서는 아무것도 변한 게 없다.

이게 문자 그대로의 해석이다.

뭐가 시작되고, 뭐가 없고, 그러면서 또 뭘 나눠? 그리고 근본에 변화가 없다? 근본은 뭔데? 이렇게 뱅뱅 돌면 죽을 때까지 돌아도 제 자리다.

"불도 빨갛고, 당신 피도 빨갛고, 사과도 빨갛습니다."

"아, 그렇군요, 근데 그 빨간 게 어떤 거죠?"

'하나가 시작되었다.'에서 그 '하나'는 사람일 수도 있고, 우주일 수도 있고, 바위일수도, 나무일수도, 한 개의 먼지일 수도 있다. 그게 뭐가 되었든 물질의 세계에서 물질의 존재로 생겨난 것을 뜻한다.

그리고 '시작된 것은 아무것도 없다.'는 말은 하나하나 물질의 존재가 아닌 전체 존재, 즉 신의 눈으로 봤을 때는 시작된 것이 아니라는 말이다.

예를 들어 보겠다. 왼쪽 주머니에 있는 천 원짜리를 오른쪽 주머니에 넣으면, 왼쪽 주머니가 봤을 땐 천 원이 없어졌고, 오른쪽 주머니가 봤을 땐 천원이 생겼다. 그러나 내가 봤을 땐 없어진 것도 생긴 것도 없다. 다만 이쪽 주머니에 있던 것이 저쪽 주머니로 갔을 뿐이다.

생기기도 하고 없어지기도 했지만 내가 봤을 때, 즉 전체존재, 근본의 입장, 신의 눈으로 보면 없어진 것도 없고 생긴 것도 없다. 아무것도 변한 게 없다.

이 세상에 있으나, 저 세상에 있으나 같은 신 안에 있는 것이니까.

일시무시(一始無始), 하나가 시작되었지만 시작된 것은 아무것도 없으며.

무진본(無盡本), 근본에 있어서는 아무것도 변한 게 없다.

이게 바로 그 뜻이다.

일석삼극(一析三極)은 처음에 설명했다. 인간은 삼중의 존재라고.

인간뿐 아니라 여기 물질세계에 존재하는 모든 것은 다 같은 삼중의 존재다.

천지 만물은 그것을 생기게 하는 그 무엇, 즉 인간의 영혼에 해당하는 근본이 있다.

다음으로는 물질, 육신이고 바위이며 우주이고 먼지인 그것.

마지막으로 사람의 생각에 해당하는 의식. 짐승에겐 본능이고 바위나 나무에겐 물질세계에 계속 존재하기 위해 가지고 있는 성질. 이렇게밖에 설명이 안 되지만 아무튼 그 세 가지가 합쳐져야 이 물질계에 존재하게 된다.

여기서 영혼은 처음에 말했듯이 오는 것도 아니고 가는 것도 아니다. 생기는 것도 아니며 없어지는 것도 아니다.

'그냥 있다.'

시작되고 생기는 것은 육신이다. 그리고 그 육신의 수발을 드는 정신이다.

그러면 육신은 어디서 오는가? 그리고 어디로 가는가?

우선 육신은 무엇으로 이루어져 있는가? 육신뿐 아니라 돌, 나무, 물, 이 우주 만물은 무엇으로 이루어져 있는가? 유기질이니 무기질이니 단백질이니 철, 구리, 산소, 수소 등등, 수천 가지 이름으로 부르고 구별해 놓았지만 결국은 세포라는 작은 물질들이 하나하나 모여 그 모든 물질들을 형성한다. 그 세포의 성질에 따라 위에서 나열한 여러 가지 이름으로 구분되지만, 궁극적으로 모든 물질은 하나의 세포로부터 시작된다.

그러면 그 세포는? 현대 과학으로 그 세포를 아주 잘게 쪼개어 놓은 것이 분자라는 것이다. 그리고 그 분자를 아주 작게 쪼개면 그것이 곧, 원자다. 지금까지 인간은 이 원자가 더 이상 쪼갤 수 없는 마지막 물질로 알았지만, 인간의 호기심과 과학의 발전은 그 원자마저 쪼개고 말았다.

그런데 물질의 성질을 가지고 있던 마지막 알갱이인 원자를 쪼개 버리니 골치 아픈 일이 생겨 버렸다. 원자까지는 미세하지만 물질로서의 형태가 유지되었는데, 그걸 쪼개 버리니 물질이 아닌 형태가 되어 버린 것이다.

그냥 에너지, 다른 말로는 '기(氣)'의 형태로 되어 버린 것이다.

에너지, 기, 또는 다른 어떤 표현이 있는지는 모르겠지만, 이것은 온 우주 또는 우주 밖의 우주, 우리가 상상할 수 있는 모든 것, 또는 상상조차 할 수 없는 그 모든 것, 존재의 근원까지를 다 포함한 것이다.

그 모든 것을 다 가능케 하고, 유지되게 하며, 모든 것은 그 안에 다 들어 있으며, 그것밖에는 아무것도 없는, 그 전체!

또는 아무것도 없는 무, 바로 그것이다.

'모든 것이 다 있다.'는 것은 '아무것도 없다.'는 것과 같은 말이다. 깨달은 사람 중의 한 사람인 부처의 설법 중에 반야심경이 있고, 그 반야심경의 한 구절인 색즉시공 공즉시색(色卽是空 空卽是色)이 바로 이 말이다.

뭔가 있어 들여다보면 아무것도 없고, 아무것도 없는가 하고 보면 모든 것이 그 안에 다 있다. 바로 부처가 하고 싶어 했던 말이다.

그렇다. 우리는 물질의 형태로 이 세상에 존재하지만, 실제로는 허공이다, 비어있는 것이다.

우리의 몸을 나누고 나누다 보면 작은 세포 한 조각이 되고, 그 세포를 나누고 나누면 분자, 그 분자를 쪼개고 쪼개면 원자, 그 원자마저 쪼개어 버리면 그때는 물질이 아닌 기의 형태로 돌아가 버린다.

우리의 몸은 기의 덩어리일 뿐이다. 어떤 것이든 가능하지만 아무것도 없는 기의 한 형태, 그것이 우리 육신의 정체다. 기는 우리가 상상할 수 없는 빠르기로 움직인다. 선풍기의 날개는 아주 빠르게 돌면 하나로 보이고, 더 빠르게 돌면 없는 것처럼 보인다.

인간과 물질로 이 세상에 온다는 의미는 기의 진동을, 움직임을 느리게 해 눈에 보이고 만져지게 만드는 것이다.

그 역할, 즉 느리게 만들어 존재하게 하고, 또 필요가 없으면 놓아

버려 흩어져 없어지게 만드는 것이 영혼이다. 영혼은 필요하면 널려 있는 기를 모아 그 움직임을 느리게 해 물질을 형성해서 여기로 온다. 그리고 볼일이 끝나면 그 물질을 놓아 버린다. 그러면 그 물질은 서서히 진동하기 시작하고 그 진동이 점점 빨라져 결국에는 아무것도 없는 것으로 돌아간다.

'무(無)에서 왔다, 무(無)로 돌아간다.'는 말이 바로 이것이다.

우리는 육신을 가지기 이전에도 기의 한 형태였고, 지금도 기의 한 형태다. 보통 '죽었다'고 표현하는, 영혼이 물질을 놓아버려 흩어져 돌아갔을 때도 기의 한 형태일 뿐이다.

사람은 어디서 왔다 어디로 가는가? 정확히 말해서 우리의 몸은 어디서 왔다 어디로 가는가?

이미 알았겠지만, 우리는 '무에서 왔다, 무로 돌아간다.'

참으로 바보 같은 결론이지만 이것이 참인 것을 어쩌겠는가?

여기서 '무(無)'란 물질과 비 물질, 모든 것을 합한 전체 존재, 즉 '신'의 다른 말이다.

영혼이 왜 물질을 형성해 이 곳으로 오는지, 그 이유를 알고 나면 이런 현상들이 조금은 더 이해가 될 것이다.

우리는 윤회하는가?

이 질문 또한 끝없이 반복되며, 사람이라면 누구나 시원한 해답을 원하는 문제 중의 하나이다.

이 질문에 대한 대답은 '그렇다, 윤회(환생)한다. 그리고 윤회(환생)하지 않는다.'이다.

무슨 소린지, 많이 헷갈리겠지만 두 개가 다 맞다. 이해가 되지 않을 것이다. 하나의 질문에 정반대되는 두개의 답이 다 맞다는 것이.

당장 고개를 흔드는 사람도 있을 것이다. 그게 말이 되냐고.

그런데, 그게 말이 된다.

한 가지 예를 들어 보겠다. 한 사람이 진리에 대한 말을 하고 있었다. 그 앞에는 그의 말을 듣기 위해 수천 명의 사람들이 모여 있었다. 그 사람은 맨 앞줄에 앉은 사람들을 쭉 훑어본 뒤, 앞줄의 맨 왼쪽에 앉은 사람에게 물었다.

"내가 당신의 어느 쪽에 있습니까? 왼쪽입니까, 오른쪽입니까?"

질문을 받은 사람이 대답했다.

"제 왼쪽에 있습니다."

"다시 한 번 잘 생각해 보십시오. 틀림없이 왼쪽이 맞습니까?"

질문을 받은 사람은 잠시 생각한 뒤 대답했다.

"틀림없이 왼쪽에 있습니다."

이번엔 그 사람이 앞줄 맨 오른쪽에 앉은 사람에게 물었다.

"내가 당신의 어느 쪽에 있습니까?"

질문을 받은 사람이 대답했다.

"당신은 제 오른쪽에 있습니다."

"다시 한 번 잘 생각해 보십시오. 틀림없이 오른쪽에 있습니까?"

질문을 받은 사람이 잠시 생각해본 뒤 대답했다.

"네, 오른쪽에 있습니다."

두 사람의 대답을 들은 후, 그 사람은 앞에 있는 사람들에게 물었다.

"여러분, 나는 두 사람에게 꼭같은 질문을 했습니다. 그런데 이 두 사람은 정반대의 대답을 했습니다. 한 사람은 왼쪽, 한 사람은 오른쪽에 있다고 했습니다. 누가 맞고, 누가 틀렸습니까?"

사람들은 잠시 웅성거리다 대답했다.

"두 사람 다 맞습니다."

그 사람은 고개를 흔들었다.

"아니, 절대로 그럴 리가 없지요. 똑같은 질문에 정반대되는 대답을 했는데 두 사람이 다 맞다는 건 말이 안 되지요. 잘 생각해보십시오."

그러나 사람들은 두 사람이 다 맞다고 대답했다.

그 사람이 다시 말했다.

"그렇다면 누군가가 똑같은 질문에 여러분과 정반대되는 대답을 해도 그것을 인정할 수 있습니까?"

사람들은 모두 고개를 끄덕거리며 '그럴 수 있다.'고 대답했다.

그 사람은 크게 웃었다. 그리고 한마디 덧붙였다.

"여러분은 분명히 내게 인정할 수 있다고 했지만, 내 얘기가 끝나기도 전에 열 번도 더 고개를 흔들 겁니다."

위의 예에서 봤듯이 같은 질문에 정반대되는 대답이 다 맞다.

다만 우리는 한 개의 대답, '내가 맞다.'고 생각하는 그 대답만 인정할 뿐이다.

여러분이 인정하기 싫어도 두 개의 대답이 다 맞다.

윤회한다, 그리고 윤회하지 않는다.

각각의 영혼은 분리되어 있기도 하지만, 또 그것들이 모여 하나가 되기도 한다.

빗방울이 한 방울 한 방울 땅으로 내려 내를 이루고, 강으로 흘러, 바다에 이르렀을 때, 그것은 무수한 빗방울로 볼 수도 있고, 하나의 큰물로 볼 수도 있다.

무슨 얘기를 하려는지 짐작했을 것이다. 그렇다, 바로 영혼의 근본이 그러하다. 영혼은 무수히 많은 영혼의 집합이기도 하지만, 하나의 큰 영혼이기도 하다. 영혼이 필요에 의해 육신을 만들어 사람으로 올 때는, 분명히 따로 떨어져 각각의 의식을 갖는다. 그러나 사람으로서의 역할이 끝나 육신을 버리고 돌아갔을 때는 다시 하나가 된다.

이것은 굉장히 중요한 요점이다.

나중에 신(神)이라는 존재를 이해하기 위해서도, 바로 이 점을 이해해야 한다.

그렇다, 우리는 다시 온다. 빗방울이 다시 생겨 내리듯이 끊임없이 다시 온다.

무수히 많은 각각의 영혼들이 지금도 사람으로 와서 온갖 것을 겪으며, 온갖 짓을 저지르며, 웃고 울고 싸우고 기뻐하고 슬퍼하고 성취하고 절망하고, 그야말로 별짓을 다 하고 있다.

이 무수한 영혼들이 나일까, 아닐까? 나이기도 하고 아니기도 하고, 나일 수도 있고 아닐 수도 있다. 나인가 아닌가, 그것은 중요하지 않다. 영혼으로 돌아오는 순간, 그 모든 기억은 네 것 내 것 구분이 없어지고 하나가 되어 공유하게 되기 때문이다.

그래서 그렇게 말했다.

사람은 윤회한다, 윤회하지 않는다.

그러나 끊임없이 윤회한다.

신이 없어지지 않는 한 영혼은 존재하며, 영혼이 존재하는 한 윤회는 계속된다.

종교는 어떻게 생기게 되었나?

이 세상에는 많은 종교가 있다.

불교든 예수교든 기독교든 이슬람교든 모든 종교는 오직 신을, 그리고 신이 어떤 건지를 말하고 있고, 또 설명하려고 노력하고 있다. 그게 종교이고, 종교의 경전이다.

그러나 유감스럽게도 종교의 경전, 또는 그 종교가 전하는 말의 대부분은 허구이며, 후세에 전해지는 과정에서 이 사람 저 사람에 의해 보태지고 부풀려져서 그 두꺼운 경전의 대부분이 종교와는 관련 없는 말들로 채워져 있다. 종교가 전하는 말 중 아주 작은 부분, 두꺼운 경전에서 단 몇 줄의 글만이 원래 전하고자 했던 것이다.

여기 한 사람이 있다.

그 사람은 우연히 또는 필연적으로, 모든 것의 근원, 또는 전체 존재, 또는 신(우리가 뭐라고 부르든)을 보게 되었고, 알게 되었고, 또는 깨닫게 되었다.

우리는 그 사람을 선각자, 도인, 또는 깨달은 사람이라고 부른다. 그 사람은 예수이기도 하고, 부처이기도 하고, 마호메트이기도 하며, 알게 모르게 우리와 함께 살고 있는 현자들이기도 하다. 그 사람은 자기가 아는 것을 사람들에게 전하기 시작했다. 그런데 문제는, 그것이 말로는 설명할 수가 없다는 것이다.

알기 쉽게 예를 들어 설명하겠다.

어떤 나라가 있었다. 그 나라는 모든 사람이 태어날 때부터 장님이어서, 아무것도 볼 수가 없었다. 그런데 그 나라에 눈을 뜬 사람이 왔다. 모두들 소문을 듣고 그 사람에게 몰려갔다. 그들은 궁금한 게 너무나 많았다. 그들은 그 중 하나인 사과에 대해서 물었다.

"사과는 어떤 것입니까? 당신은 봤으니 잘 알 것입니다. 가르쳐 주십시오."

그 사람은 사과에 대해 설명하기 시작했다.

"사과는 둥글고, 색깔은 붉은색이고, 겉은 단단한 껍질로 싸여 있고, 속살은 흰색입니다. 맛은 달콤하며 맨 안쪽엔 씨방이라는 부분이 있고, 그 속엔 까만 씨가 들어 있습니다."

사람들은 그 사람의 말을 듣고 머릿속으로 사과를 그렸다. 둥글고, 붉으며, 껍질은 단단하고, 속살은 부드럽고, 맛은 달고, 속에는 씨가 들어 있는 것! 사람들은 각자의 머릿속에 그려진 사과를 생각하며, 사과에 대해 잘 알았다고 생각했다. 그리고 밤새 그 사과에 대해 생각하다 또 다른 의문이 생겼다.

다음날 사람들은 다시 그 사람에게 몰려가서 물었다.

"사과가 붉은색이라 했는데 다른 색은 없습니까?"

"아니, 있습니다. 푸른색도 있고, 노란색도 있을 수 있습니다. 그 여러 가지 색깔들이 섞여 있기도 합니다."

사람들은 혼란스러웠다. 각자의 머릿속에 그렸던 사과의 색깔이 이런 저런 색깔로 변하기 시작했다. 다음날 사람들은 더 큰 의문을 갖고 모여 들었다.

"그럼 사과는 붉은색, 푸른색, 노란색뿐 아니라 다른 색깔도 얼마든지 있겠군요."

"네, 있을 수 있습니다."

"그럼 사과는 정해진 색깔이 없다는 말이군요."

"네, 없습니다."

사람들은 더 혼란스러워졌다. 머릿속에 그렸던 사과의 색깔을 무슨 색으로 칠해야 할지 알 수 없었다. 다음날 사람들은 또 다른 질문을 했다.

"사과는 둥글다고 했는데 정말 둥근가요?"

"꼭 둥글기만 한 건 아닙니다. 길쭉한 것도 있고, 삐딱하게 생긴 것도 있을 수 있습니다."

사람들은 한숨을 내쉬었다. 그들이 알고자 했던 사과의 모습이 점점 알 수 없게 변해가고 있었기 때문이다. 그리고 어떤 사람은 의심을 품기 시작했다. '저사람 진짜 눈뜬 사람 맞아?'

다음날도 사람들의 질문은 계속되었다. 그러나 사람들은 이미 그 질문에 대한 대답을 짐작하고 있었다.

"사과의 속살은 희다고 했는데 맞습니까?"

"아니, 꼭 그런 건 아닙니다."

사람들은 그 선각자를 의심하기 시작했다.

"사과의 맛은 달콤하다고 하지 않았습니까?"

"대체로 그렇지만 꼭 그런 건 아닙니다."

사람들은 슬슬 화가 나기 시작했다. 그리고 의심이 굳어지기 시작했다.

다음날도, 그 다음날도 사람들의 질문은 계속되었고, 그럴수록 그들의 혼란은 커져갔다.

그 사람의 대답은 한결같았다. '이것도 맞고 저것도 맞고, 그렇기도 하고 아니기도 하다.'

사람들이 머릿속에 그렸던 사과의 모양은 엉망이 되어 버렸다. 사람들은 화가 머리 꼭대기까지 치밀었다. 그때 한 사람이 소리쳤다.

"저 사람은 사기꾼이다."

그러자 여기저기서 동조하는 목소리가 커졌다.

"저 놈은 사기꾼이다. 앞을 못 본다고 우리를 놀리고 있다. 저 놈은 눈을 뜨기는커녕 우리보다 더 못 보는 놈이다. 저 놈을 죽여라!"

마침내 사람들은 그 사람을 끌고 나가 십자가에 못 박아 죽여 버렸다.

그렇다. 종교는 그렇게 끝났다.
거기서 끝나야 했다.

그런데 종교는 거기서 끝난 게 아니라 시작되었다.
첫째 날, 눈 뜬 사람에게 사과에 대해 들었던 사람들 중 몇몇은 그것을 전하기 위해, 다른 마을로 다른 나라로 떠났다. 그들은 사람들에게 '사과는 둥글고, 붉고, 단단한 껍질에 싸여 있고, 속살은 희고, 맛은 달콤하며, 가운데 씨가 있다.'고 말했다. 그 말은 마을과 나라에 빠르게 퍼져 나갔다.
둘째 날, 눈 뜬 사람에게 푸른 색 사과도 있다는 말을 들은 사람들도 열심히 선각자의 말을 전했다. '사과는 둥글고 푸르며, 단단한 껍질에 싸여 있고, 속살은 희고 맛은 달콤하다.'
선각자의 말은 이렇게 조금 다르게 바뀌어 여기저기로 퍼져 나갔다. 같은 날 같은 자리에서 들었던 사람들도 자기의 주관적 해석이 달랐으므로, 선각자의 말은 조금씩 바뀌어 전해졌다.

어떤 마을, 어떤 나라에서는 사과가 둥글고 붉은색이었고, 또 어떤 마을, 어떤 나라에서는 둥글고 푸른색이었다. 어떤 곳에는 달콤한 사과가, 다른 곳에서는 신 사과가 전해졌다. 같은 사과를 놓고 전혀 다른 이야기가 여기저기 전해진 것이다.
불교라는 이름으로, 예수교라는 이름으로, 기독교라는 이름으로,

이슬람교라는 이름으로, 또는 우리가 알지도 못하는 어떤 이름으로…….

이것이 다툼과 분쟁, 전쟁으로 발전하기도 했다. 이단자라는 말이 생겼고, 천국과 지옥이 생기게 되었다.

첫째 날 선각자의 말을 전파한 사람과 퍼져 나간 말들.

둘째 날 선각자의 말을 전파한 사람과 퍼져 나간 말들.

다음 날, 그 다음날, 또 그 다음날…….

이 사람들과 말들은 어딘가에서 서로 만날 수밖에 없다.

여기 한 사람이 있다. 그 사람은 첫째 날 선각자에게 들었던 사람에게 사과에 대해 들었다. 그 후 그는 '사과는 둥글고 붉은 것'이라는 선각자의 말을 전하고 있었다. 그런데 어떤 마을에서는 사람들 모두가 사과는 푸르다고 알고 있었다. 그는 친절하게 사과는 붉은 색이라고 알려주었다. 그러나 마을 사람들은 그의 말을 믿지 않았으며, 오히려 그를 미친 사람 취급했다. 그는 화가 나서 처음 그에게 사과를 가르쳐준 사람을 찾아갔다.

"어떤 마을에서는 사과가 푸르다고 합니다. 그게 사실입니까?"

선각자에게 직접 들었다는 사람이 웃으며 대답했다.

"아닙니다. 제가 분명히 선각자에게 들었습니다. 다시 가서 가르쳐주고 오세요."

그는 확신을 가지고 다른 마을로 가서 사람들을 설득하려고 했다.

하지만 그 마을 사람들은 더 큰 믿음을 가지고 있었고, 오히려 그를 설득하려고 애썼다.

그는 처음 사과를 가르쳐준 사람에게 돌아가, 그들의 말을 자세히 전했다.

처음 사과를 가르쳐준 사람이 말했다.

"내가 그곳에 가서 그들에게 직접 알려주겠습니다."

처음 사과를 가르쳐준 사람이 다른 마을 사람들에게 선각자의 말을 전했다. 마을 사람들은 고개를 갸웃했다. 그리고 한 사람을 그의 앞에 데리고 왔다. 그 역시 선각자를 직접 만난 사람이었다. 둘은 서로 자기가 들은 말이 맞다고 주장했다.

다툼이 시작된 것이다.

사과에 대한 진실을 알려주러 간 두 사람은 그 마을 사람들에게 사기꾼으로 몰려 쫓겨났다.

자기는 분명히 선각자 앞에서 직접 들었다. 틀리다는 게 말이 되지 않는다. 그는 화가 났다.

그는 이번에는 마을 사람들을 모두 데리고 몰려갔다.

싸움이 시작되었다.

그들은 모두 자기만이 진실이라고 믿었다. 실제로 직접 들은 게 맞기도 하다. 그래서 그들은 서로 양보할 수가 없었다.

문제는 또 생겼다. 그 마을뿐 아니라 다른 마을로 갔던 사람들도 돌아와서 말했다.

"저기 있는 마을에서는 사과가 둥글지만은 않다고 합니다."

"저기 있는 마을에서는 사과가 시다고 합니다."

이런 말들이 전해지자 사람들의 믿음이 조금씩 흔들리기 시작했다. 혹시 우리가 틀린 것은 아닐까?

처음 사과를 가르쳐 주었던 사람은 화가 났다. 그는 분명히 선각자에게 들었고 그대로 전했다. 그는 마을 사람들에게 말했다.

"나는 신에게 맹세코 진실을 말했습니다. 다른 마을에서 다른 말을 하는 사람들은 사기꾼이요, 이단자입니다."

이단자라는 말이 생겨났다. 그래도 한번 흔들린 믿음은 쉽게 회복되지 않았다. 분명 진실인데도 말이다. 처음 사과를 가르쳐준 사람의 입에서 한마디가 더 나왔다.

"그 사기꾼들과 이단자들은 모두 죽어서 지옥으로 갈 겁니다."

사람들은 어리둥절해서 물었다.

"지옥이 무엇입니까?"

그 사람은 얼떨결에 대답했다.

"신의 말을 믿지 않는 사람들을 불태워 죽이는 곳입니다."

드디어 있지도 않은 지옥이 탄생했다.

다른 마을에서도 꼭같은 일이 벌어졌다. 여기저기서 말도 안 되는 얘기들이 전해지고, 다툼이 시작되고, 싸움이 시작되면서 믿음도 조금씩 흔들렸다. 경쟁적으로 여기저기서 지옥들이 생겨났다. 갈수록 지독하고 끔찍해지는 지옥이…….

사람들은 상상할 수 있는 가장 끔찍한 말들로 지옥을 영원히 고통 받는 곳으로 만들었다.

단지 믿지 않는다는 단 하나의 이유로.

여러분은 어떤가? 사과를 모르는 사람이 사과에 대해 물으면 뭐라고 대답할 것인가? 둥글고, 붉으며, 달콤하다고 말해야 한다. 그게 진실이 아닐지라도. 아니면 입을 닫던가.

이것도 맞고 저것도 맞고, 이럴 수도 있고 저럴 수도 있다, 너도 맞고 나도 맞다고 말하면 그게 진실이라 할지라도 여러분은 십자가에 못 박힌다.

선각자의 말은 모두 진실이었지만, 그는 못 박혀 죽었다. 그리고 종교는 오히려 살아남았다. 진실이 아니었고, 진실을 알지 못 했기 때문에 살아남은 것이다. 이해가 안 가는가?

다른 예를 들겠다. 당신이 모르는 무언가를 어떤 사람에게 물었다. 그런데 그의 대답이 오늘은 이랬다 내일은 저랬다 하고, 모레는 또 다른 대답을 하면, 당신은 그 사람을 믿겠는가? 절대 못 믿는다. 그러나 오늘도 내일도, 일 년 후도, 십 년 후도 같은 대답을 한다면 그 사람은 믿는다. 진실과는 관계없이 믿을 수밖에 없다.

종교가 살아남기 위해서는 진실을 말해선 안 된다. 진실과는 상관없이 사과는 둥글고 붉으며 달콤하다고 말해야 한다. 누가 물어도 언제 물어도, 다른 신은 있어서도 안 되고 생각해서도 안 된다. 생각하는 것 자체가 죄악이며, 그런 사람은 언제든지 지옥으로 보내야 한다. 그래야 종교가 유지된다.

'너도 맞고 나도 맞다.'고 인정하는 순간 종교는 사라진다. 종교가 편협할 수밖에 없는 이유다.

이 이야기가 우스운가? 웃지 마라. 지옥 간다.

사과는 둥글고 붉으며 달콤한 것밖에 없다. 명심하기 바란다.

신은 존재하는가?

수천 년 동안 인간이 해온 가장 케케묵은 질문이다.

밑도 끝도 없이 계속되어 온 질문이고, 또 아무짝에도 쓸모없는 질문이다.

알 필요도 없을뿐더러, 알아봐야 인생에 전혀 도움이 안 된다. 오히려 방해가 된다. 어설프게 알면 삶이 무의미해지고 허탈해진다. 그래서 폐인이 될지도 모른다. 그리고 정말 깨닫게 되면 옛날의 그 어떤 중처럼 문둥이랑 어울려 개고기나 먹게 된다.

그런데도 굳이 대답을 하려는 것은, 그래도 누군가는 묻고 있고 간절하게 알고자 하는 사람이 있기 때문이다.

신은, 그렇다, 존재한다.

우리는 그것을 신이라 부를 수밖에 없다. 인간의 언어로 다른 말이 없으니 신이라 칭할 수밖에. 그것은, 그렇다, 전지전능하다. 뭐든 가능하다. 그리고 선악을 가리지 않고 다 포용한다. 안 믿는다고 지옥 보내지도 않으며, 나쁜 짓 한다고 벌주지도 않는다. 감히 건방지게 인간이 '내가 신이다.'라고 떠들고 다녀도 그냥 둔다. 또 아무리 기도해도 특혜를 주지 않는다. 그래서 없는 것 같다.

그러나 있다.

그러면 우리는 무엇을, 또는 어떤 것을 신이라 해야 하는가?
'무엇을, 어떤 것을'이라고 말하는 순간, 우리는 엉뚱한 곳으로 간다. 그렇게 말할 수 있는 게 아니기 때문이다. 어렵다. 이해할 수 있는 대상이 아니고, 그냥 깨달아 알아야 하기 때문이다. 하지만 그게 안 되니 말로라도 해보겠다.

우선 우리가 가지고 있는 관념의 벽을 깨야 한다. 여러분이 알고 있는 신은 산산이 부셔서 버려야 한다. 예수=신, 부처=신, 알라=신, 죽은 사람=신, 우리가 거부할 수 없는 힘을 가진 알 수 없는 존재=신, 우리가 가장 잘못 알고 있는 것들이다.
버려라. 쓸데없는 쓰레기 같은 생각이다. 뇌가 연약한 육신을 조금이라도 보호하려고 만들어낸 망상이며 자기최면이다.

신이 있다고 굳게 믿는 사람들은 대부분 '신을 봤다, 신을 만났다, 또는 신에게 열심히 기도해서 원하는 것이 이루어졌다.'라고 말한다. 그리고 어떤 형태로든 신과 자신이 연결되어 있다고 판단하다. 그러나 그것은 그 사람만의 신이고, 그 사람의 뇌 속에만 사는 신이다.

신이 없다고 주장하는 사람도 마찬가지다. '신이 있을 리가 없다. 신이 있다면 왜 사람들이 억울하게 죽도록 내버려두는가? 악한 사람은 그렇다 쳐도 아이들이나 착한 사람들이 아무 잘못 없이 비참하게 죽어가는 것을 전지전능한 신이 내버려둘 리가 없다.'고 한다. 그리고 죽어 마땅하다고 생각하는 사람들을 신이 잡아가지 않으면 '저걸 안 잡아 가는 거 보니, 신은 없다.'고도 한다.

하지만 이 모두가 그 사람의 개인적인 욕심이다. 착한 사람들은 행복하고, 악한 사람들은 빨리 없어졌으면 하는 바람이다. 그 사람 역시 그만의 신, 그의 소원을 재깍재깍 들어주는 신을 원하는 것이다. 자기만을 위한 해결사 같은 신을!

신은 그런 게 아니다. 누구의 소원을 들어주거나 하는 일은 결코 없다. 왜냐하면 신은 우리 인간이 원하면 뭐든 할 수 있도록 만들어 놓았기 때문이다. '무슨 소리? 원해도 안 되는 것이 얼마나 많은데.'라고 생각하는가? 아니다. 안 되는 게 아니다. 당신이 원하지 않았기 때문이다. 지금 나는 분명 '않았기 때문이다.'라고 과거형을 썼다. 그 이유는 차차 알게 될 것이다.

앞에서 종교의 근본은, 그게 어떤 종교가 되었든, 신을 설명하려는 거라 했다.

성경 구절 중에 신에 대한 가장 근접한 설명이라면 '신밖에 없다.' 일 것이다. 나머지 것들은 모두 그 말을 설명하기 위한 것이다. 그런데 이 설명 앞에 '우리'라는 말이 붙는 바람에 '우리 신밖에 없다.'로 변질되고 말았다. 유일신의 논리로 사용되어 종교는 더 편협해져 버렸지만, 신을 설명하려면 그래도 그 말밖엔 없다.

불교에서는 '모든 것에는 불성이 있다.' 또는 '모든 것이 부처 아닌 것이 없다.'는 말이 가장 근접한 설명이다. 불교에서 말하는 불성, 부처 역시 신의 다른 이름이다.

'신밖에 없다.'

'모든 것이 부처 아닌 것이 없다.' 다시 말해 '부처밖에 없다.'

위의 두 말이 같다는 걸 알겠는가?

예수는 왜 '신밖에 없다.'고 했을까? 석가모니는 왜 '부처밖에 없다.'고 했을까? 그들이 본 건 무엇이었기에 그렇게 말했을까?

결론적으로 그렇다. 말 그대로 신밖에 없다. 신, 그 이외에는 아무것도 없다. 다시 말하면 모든 것은 신 안에 있다. 사람도 신의 한 부분이고, 동물과 식물도 신의 한 부분이고, 바위도 산도 물도 공기도 먼지도 이 우주 전체도, 또 우리가 모르는 다른 우주도 그렇다.

흔히 우주 공간은 무한하다고 한다. 실제 우리가 아는 것은 우주 전체의 아주 작은 부분이다. 여기서 생각을 더 확장해보자.

우리의 뇌가 만들어내는 정신이란 세계는 물질세계보다 훨씬 방대하다. 그리고 물질세계와 정신세계와는 비교가 안 될 만큼 큰 영혼의 영역이 있다. 물질세계와 정신세계는 영혼의 놀이터일 뿐이다. 이렇게 물질세계, 정신세계, 영혼의 세계가 모두 신 안에 있다.

모든 것이 신 안에서 일어나며, 신 안에서는 뭐든 가능하다. 신은 전지전능하다. 신 안에서는 삶과 죽음도 구분이 없다. 살아있건 죽어있건 신 안에 있다.

물질세계와 비(非) 물질세계, 존재하는 것과 존재하지 않는 것, 상상할 수 있는 모든 것과 상상할 수도 없는 모든 것, 그 모든 것을 다 합쳐 놓은 그것! 전체 존재!

굳이 그것에 이름을 붙인다면, 신이라고 할 수밖에.

그래서 '신밖에 없다.'고 했다.

굳이 신이 존재하느냐고 묻는다면 대답해주겠다.

그렇다. 존재한다.

모든 것을 다 포함한 전체, 그것이 신이다.

신이라고 칭할 수 있는 유일한 것, 모든 것을 다 합한 그것!

죽음, 그 다음엔 무엇이 있나?

몸을 가지고 이 세상에 살고 있는 사람들이 가장 알고 싶은 것이 바로 이 대답일 것이다. 여러분은 어떻게 알고 있는가?

착한 사람은 천당 가서 편하게 살고, 나쁜 사람은 지옥 가서 고통 받으며 산다고 알고 있는가? 아니면, 죽으면 모든 게 끝이라고 알고 있는가? 저승이라는 또 다른 세상이 있어서 거기서 다시 만나 산다고 생각하는가? 여러분들이 가끔 봤다고 주장하는 귀신, 유령, 그런 것들이 사는 곳이 죽음 다음의 세상이라 알고 있는가?

아니다!

위에서 나열한 모든 것들은(여러분들이 어떤 기상천외한 저승을 상상하든) 누군가가 그럴듯하게 꾸며낸 말일 뿐이다. 아이들을 겁주기 위한 어른들의 공갈이든, 자기 종교를 유지하기 위해 종교인들이 꾸며낸 말이든, 사람들이 나쁜 짓을 못하게 지어낸 것이든, 진실은 아니다.

자, 우선 죽음이란 것이 정확하게 무엇인지부터 설명을 하겠다.

앞에서 사람은 삼중의 존재라고 했다. '몸'이라는 물질과, 그 몸을 위한 '뇌(생각)', 그리고 그것을 이 세상에 존재하게 만든 '영혼', 세 가지가 모여 사람을 이룬다.

죽음이란 세 가지 중 영혼에게는 해당되지 않는 개념이다. 생물이든 무생물이든 물질의 형태를 가지고 이 세상에 와 있는 물질 존재들이, 그 물질을 버리고 비(非) 물질의 세계로 가는 것이 죽음이다. 그런데 영혼은 물질세계든 비 물질세계든 어디든 존재할 수가 있다.

영혼에겐 뭔가가 끝난다는 의미의 죽음이란 것이 없다. 죽지도 않을뿐더러 죽을 수도 없다. 없앨 수가 없는 것이다. 죽음이란 사람으로 말하면, 몸이 제 기능을 다하고 없어지는 것을 말한다. 그러므로 육신과 뇌(생각), 두 부분에만 해당되는 말이다.

여러분들이 이해하고 있는 '생각'과는 큰 차이가 있다. 지금 여러분들은 뇌가 만드는 '생각'과 영혼이 만드는 '느낌', 그 두 가지를 합한 것을 '생각'으로 아는데 전혀 다르다.

그러면 육신을 버리고 저승으로 간 영혼은 어떤 상태로 존재할까?

우선, 지옥이나 그와 유사한 무언가가 있어 고통을 받거나 저승사자나 귀신에게 잡혀갈까 걱정하는 사람은 걱정 안 해도 된다. 그런 일은 절대로 없고, 아무리 그렇게 되라고 빌어도 그렇게 될 수가 없다. 그 이유를 설명하겠다.

지옥에 가서 뜨거운 불에 영원히 불태워진다거나, 차가운 얼음 속에 갇혀서 떤다거나, 사람의 신체를 칼이나 톱 같은 걸로 잘라서 고통을 준다거나 등등, 여러분이 상상할 수 있는 그 모든 것들은 육신이 있어야 가능하다.

잘 생각해 보라. 뜨겁다, 차갑다, 아프다 등등은 몸이 자극을 감지하고, 신경이 그 신호를 뇌로 전달하고, 뇌가 그것을 해석해서 알게 되는 것이다. 그런데 사후세계는 몸 자체가 없다. 그런 것들을 몸이 있어야 가능한 일인데 그게 없는 것이다. 또 어디엔가, 무엇엔가 잡힌다는 것도 몸이 있어야 되는 일이다. 그런데 또 쓸데없는 걱정을 하는 사람들이 있다. 영혼이 잡히지는 않지만, 저승사자나 귀신이 우리가 알 수 없는 방법으로 영혼에게 고통을 주지 않을까 걱정하는 것이다. 정말 쓸데없는 걱정이다. 그럴 일도 없고, 그러지도 못한다.

자, 백번을 양보해서 그럴 수 있다고 해보자.

그래서 뭔가가 영혼에게 불에 타는 고통을 알게 했다고 치자. 그렇다 하더라도, 영혼은 몸이라는 물질이 없으므로 그 고통을 다만 개념으로만 알 뿐이다.

개념으로만 안다? 그게 무슨 소린가. 개념으로만 알아도, 안다는 것은 고통을 느낀다는 말 아닌가. 아니다. 전혀 다르다. 이해하기 쉽게 한 가지 예를 들겠다. 실제로 있었던 일이다.

한 노인이 있었다. 그는 자신이 죽은 후 시신을 화장할 텐데, 뜨거워서 어떻게 하냐고 걱정이 태산이었다. 나는 뜨거운 걸 모르니 걱정 말라고 말해줬지만, 그 노인은 전혀 믿지를 않았다. 오히려 영혼이 있는 건 틀림없으니, 영혼이 자기 몸이 불타는 것을 볼 것 아니냐고 반문했다.

나는 그 노인이 믿을 수 있게 한 가지 예를 들어 주었다.

"자, 당신이 사고를 당해서 팔 하나가 떨어졌다고 가정해 봅시다. 그걸 짐승에게 밥으로 줄 수도 없고, 쓰레기통에 버릴 수도 없고, 차라리 깨끗이 태워 버리는 게 좋지 않겠습니까. 그래서 그것을 불 속에 집어넣어 태우고, 그걸 당신이 옆에서 지켜본다고 생각해 보십시오. 뜨겁겠지요?"

노인은 고개를 가로저었다.

"왜요? 당신의 팔이고, 당신이 보는데서 태우는데 안 뜨거운가요?"

노인은 고개를 저으며 환하게 웃었다. 그리고 말했다.

"고맙습니다."

그렇다. 우리는 불 속에서 타고 있는 그 팔이 뜨거울 거라는 걸 안다. 그러나 그것은 개념으로만 아는 것이다. 머리로만 안다는 말이다.

자, 정리를 해보자. 영혼이 버린 몸은 사고로 내게서 떨어져나간 팔과 같다. 설사 그걸 누가 불태우고 토막을 낸다 하더라도, 영혼이 그걸 지켜보고 있다 하더라도, 영혼은 어떠한 고통도 느끼지 않는다. 또한 뭔가가 당신의 영혼이 그런 고통을 강제로 느끼게 만들더라도 그건 다만 개념상 아는 것일 뿐, 더 이상은 어떻게 할 수가 없다. 왜냐? 몸이 없으니까.

이제 지옥이나 지옥 비슷한 것이 있어, 여러분의 영혼에 고통을 주려 해도 그게 안 된다는 걸 알았을 것이다. 그럼 영혼은 저승에서 어떤 상태로 있을까? '그야말로 잔잔한 의식만 있는 상태'라고 표현하는 게 가장 근접할 것 같다.

사람이 몸을 가진 채로, 이 상태를 가장 비슷하게 체험할 수 있는 방법이 딱 하나 있다. 진심으로 사랑하는 사람과 서로 간절히 원해서, 몸이 완전히 만족할 때까지 섹스를 하는 것이다. 몸은 욕심이 많다. 끊임없이 뭔가를 요구하고, 그 요구가 충족될 때까지 계속해서 우리를 부른다. 배가 고프면 밥을 줄 때까지 계속 우리를 부른다. 오래 앉아 있으면 다리가 아프다고 부른다. 추우면 춥다고 부르고, 더우면 덥다고 부른다.

잠시도 가만히 있지 못하게 부르는데, 그 중 최고가 성욕이다. 몸이 원하는 가장 큰 욕구인 이 성욕을 완전히 채워주면 몸은 잠시 동안 어떠한 요구도 하지 않는다. 잠시지만 몸이 부르지 않으니 편안해지는 것이다.

아무런 욕구도 생각도 없는 잔잔한 행복감, 잔잔한 기쁨, 편안한 쉼, 그게 바로 저승의 상태이다.

자, 이제 마지막 의문점을 얘기하자. 앞의 설명대로 저승이 두려워할 것도 나쁠 것도 없는 편안하고 좋은 것이라면 왜 사람들은 그리도 두려워하고 안 가려고 발버둥치는가? 이상하지 않은가? '개똥밭을 굴러도 이승이 좋다.'는 옛말은 틀린 것인가?

그렇지는 않다. 그 말이 생긴 데는 그럴만한 이유가 있다. 우선 사람들이 왜 저승을 두려워하는지 몇 가지 이유만 대답하겠다.

첫째, 위의 내용을 증명할 길이 없기 때문이다. 들어보면 맞는 것 같기는 한데 증명할 수가 없으니 긴가민가하게 된다.

둘째, 우리의 몸이 저항하기 때문이다. 영혼은 죽지 않는다고 했다. 그러니 영혼에겐 죽음에 대한 두려움 같은 것이 당연히 없다. 그러면 두려워하는 그것은 무엇인가? 그것은 몸이고, 그 몸이 만드는, 혹은 뇌가 만드는 생각이다. 몸은 죽으면 끝이다. 흩어져 없어지기도 하고, 불태워지기도 하고, 토막을 당하기도 하고, 짐승이나 벌레의 먹이가 되기도 한다. 몸으로서는 끔찍한 고통이고, 그야말로 '끝'이다. 당연히 저항할 수밖에.

그래서 뇌는 허구의 상황을 꾸며낸다. 착각하게 만드는 것이다. 죽음 뒤에 몸이 겪게 되는 상황들을 끊임없이 영혼에게 알린다. 그래서 몸을 없애지 않도록 영혼에게 호소하는 것이다. 우리가 상상하는 지옥은 죽음 뒤에 몸이 겪게 되는 실제상황이라고 봐도 무방하다. 몸의 입장에서는 떨어져나간 팔처럼 몸이 영혼과는 무관해져 버리는 게 큰 문제다. 그래서 저항하는 것이다.

두려움을 끊임없이 만듦으로써.

운명이란 있는가, 있다면 누가 정하는가?

우리는 사람으로 이 세상에 와, 한 세상을 살면서 참으로 힘든 일을 많이 겪는다.

중간 중간에 양념처럼 좋은 일들도 섞여 있기는 하지만 전체적으로 볼 때는 힘들고 피곤하다. 잠시도 가만두질 않는다. 하루 한 번이나, 며칠에 한 번 먹어도 되게 만들어져 있으면 얼마나 좋으랴만 꼭꼭 세끼씩 먹게 만들어 둔 이유도 사람을 잠시도 가만두지 않으려는 신의 얄팍한 계략이다. 기왕에 이 세상에 왔으니 가급적 많은걸 겪어 보라는, 존재의 근원으로부터 얻은 본성이다.

그런데 살다 보면 참으로 불공평함을 느낄 때가 많을 것이다. 당장 태어나면서부터 누구는 왕후장상의 아이로 태어나 떠받들어 모셔지고, 누구는 비렁뱅이의 아이로 태어나 어미의 젖도 한 모금 못

빨아 본다. 부잣집 아이로 태어나 부족한 것 없이 사는 아이도 있지만, 지지리도 가난한 부모 밑에 태어나 하루 세끼 밥도 못 얻어먹는 아이도 많다. 재수 없이 북한이나, 아프리카 같은 곳에 태어나 버리면 참 힘든 삶을 살아야 한다.

어떤 사람은 쉽게 돈을 벌어 떵떵거리며 살고, 어떤 사람은 죽어라 일하면서도 세끼 밥 먹기도 힘들어 쩔쩔매며 산다. 왜일까? 너도 나도 머리 싸매 보았겠지만 해답이 안 나오니 "그래, 팔자야, 운명이야, 어쩔 수 없어, 팔자가 그런 걸." 하며 포기하고 산다.

정말일까? 정말 운명이니 팔자니, 그런 게 있어서 우리의 삶이 정해져 있고 그렇게밖에 살 수 없는 것일까? 정말 그런 게 있다면, 누가, 또는 무엇이 '너는 이렇게 살아라.' 하고 정해 주는 것일까?

지금부터 대답하겠다.

한마디로 그렇다, 맞다, 정해져 있다.

정확히 말하면 '이렇게 살아야지.' 하고 정해서 온다. 누가 정해 주는 게 아니라 스스로 정해서 온다.

그렇기 때문에 지금의 삶이 어떤 삶이든 그것은 영혼의 상태일 때 스스로가 원했던 삶이다. 신은 전지전능하다고 했다. 그리고 인간은 신의 한 조각이므로 신과 마찬가지로 뭐든 할 수 있다. 그런데 왜 안 되는 일투성이인가?

그것은 스스로 원하지 않았기 때문이다. '스스로 원하지 않았다.' 고 과거형을 썼고, 그 과거형을 쓴 걸 강조했다. 지금 이 세상에 와서 살고 있는 사람의 시점에서 보면 사람으로 오기 전 영혼의 상태일 때는 현 시점 보다 과거다. 바로 그 영혼의 시점에서 각각의 영혼은 '이번에는 어떤 삶을 살아야지.' 하고 결정을 한 뒤에 그 자리로 온다. 그렇기에 그게 어떤 삶이든 지금의 삶은 영혼의 상태일 때, 당신이 원했던 삶이다.

영혼이 지금의 삶 외에는 원하지 않았기 때문에, 다른 삶으로 가지 않은 것이다.

혹 어떤 사람은 전생의 업보대로, 죄는 죄대로 복은 복대로, 자기가 지은 대로 받아서 온다고 생각한다. 그러나 그런 건 없다. 다만 그 영혼이 스스로 결정을 내릴 뿐 그 어떤 것도 영향을 끼칠 수 없다.

여기서 사람들은 또 큰 의문에 빠질 것이다. 영혼이 전지전능하고 뭐든 원하는 대로 다 이루어지는 게 맞다면 어떤 미친 영혼이 지지리 고생하는 그런 삶으로 오겠는가, 돈 많고 재미있는 삶으로 오지.

당연한 의문이다. 왜 그따위 삶으로 오는지 설명하겠다.

옛날에 왔다 간 어떤 현자는 '인생은 일장춘몽'이라 했다.

그리고 우리는 흔히 '인생은 한편의 드라마'라고 말한다. 알고 한 말은 아닐지라도 그게 정답이다. 우리가 알지 못하는 어떤 현자의 입에서 나온 말이 퍼진 것이겠지만, 우리는 은연중에 그 말을 쓰고 있다. 뇌는 그 말을 이해하지 못하겠지만 가슴은 그 말을 이해하는 것이다. 그래서 우리도 모르는 사이에 그 말은 진리가 되어 널리 쓰이고 있다.

그렇다. 우리는 한 편의 드라마 속에 들어와 있다.

영혼은 지극한 편안함, 잔잔한 기쁨, 그 속에 가만히 존재한다. 나의 의식, 나의 본성, 뭐라고 불러야 할지 몰라도, 하여튼 존재한다. 그런데 본래의 나로 가만히 있다 보면 심심해진다. 그래서 뭔가 하고 싶어지면, 뭔가 할 수 있는 곳, 바로 인간 세상으로 몸을 가지고 오기로 결정한다.

그래서 이번엔 뭘 한번 해볼까, 드라마의 대본을 보듯이 여러 역할을 쫙 훑어본다.

부자로 태어나 원 없이 돈 써 보는 역할? 엄청나게 고생하면서 봉사하는 역할? 천하의 몹쓸 짓만 하는 악역? 이름난 운동선수 역할은 어떨까? 멋진 여자와 사랑하는 역할? 아니면 그 여자 옆에서 가슴 태우며 쳐다보기만 하는 역할?

그런데 그런 역할은 지난번에 다 해 봤으니 시시하다.

안 해 본 거, 어디 없나?

저건 뭐지? 가난한 집에서 태어나 공부도 제대로 못하고 부모는 어려서 돌아가고 병까지 걸려 지하도에 누워 끙끙대며 살다 죽는 역할이네.

지지리도 운이 없고 재미도 없는데, 저 역할로 가서 저렇게 해 보면 어떤 기분일까? 어떤 마음일까? 가슴이 많이 아프겠지? 이번엔 정말 슬픈 역할을 해 보고 싶은데, 어떤 게 가장 가슴 아플까? 행복한 역할도 좋지만 나는 슬픈 역할을 멋지게 해서 옆 사람까지 울게 만들어 볼 거야.

아, 저기 저 역할이 좋겠네.

서로 사랑하는 엄마 아빠의 아들로 태어나 재미있게 살다가 열 살이 되면 돌이킬 수 없는 병에 걸려 엄마 아빠와 헤어지는 역할, 저거 정말 슬프네. 저걸 해 봐야지. "엄마 아빠, 안녕, 사랑해요."라고 말하고 와야지.

그래서 그 영혼은 그 자리로 갔다. 그리고 자기가 정한 운명대로 열 살 때 병에 걸려 고통 받다가 엄마 아빠와 헤어져 하늘로 돌아갔다.

엄마 아빠는 신에게 빌었다. 우리 아이 살려 달라고, 우리가 대신 죽어도 좋으니 부디 저 아이 살려 달라고. 그러나 신은 그 소원을 들어주지 않았다.

그들이 원하지 않았기 때문이다.

정확히 말하면 그들의 영혼이.

어떤 영혼은 히틀러 같은 악역을 해보고 싶어 그리로 갔다.

그리고 극악하고 야비한 짓만 골라서 했다. 평생 동안을. 사람들은 궁금했다. 신이 왜 저런 인간을 그냥 두는지.

어떤 영혼은 지하도에 누워 있는 사람의 역할로 갔다. 아무도 그 사람을 구해 주지 않았고, 신도 그를 구해 주지 않았다. 그가 원하지 않았기 때문이다.

여기서 우리는 또 다른 의문이 생긴다.

왜 드라마 대본처럼 정해져 있는 역할 중에서 골라야 하는가? 내가 마음대로 써서 오면 안 되는가? 그리고 이 세상에 와서, 역할을 바꾸면 안 되는가? 한 마디로 그 둘 다 안 된다.

그 이유를 설명하겠다.

이 세상에는 이미 많은 영혼들이 와서 각자의 역할을 하고 있다. 그런데 뒤늦게 오는 영혼이 그걸 마음대로 바꾼다면 세상은 엉망이 되어 버린다. 이미 와 있는 영혼들의 역할이 바뀌지 않는 한도 내에서 내 역할을 찾아야 하므로, 정해져 있는 것들 중에서 택해야 한다.

예를 들어 열 살에 엄마 아빠와 헤어지는 역할로 왔다가 너무 가슴이 아파서 그냥 살기로 결정했다고 하자. 아이를 잃고 미치도록 가슴 아파하는 역할을 하려고 온 엄마 아빠의 영혼은 선택의 의미가 없어진다. 영혼의 선택이 뒤에 오는 영혼에 의해 바뀐다면 그게 무슨 선택인가.

그러면 영혼들끼리 서로 자기가 원하는 쪽으로 바꾸려고 다툼이 일어나게 될 것이고, 그러면 전체 존재, 신을 유지하는 시스템이 망가져 버린다. 그래서 그런 일은 있을 수가 없고, 있어서도 안 된다.

이것이 이 세상을 유지하기 위한, 결코 깨어져서는 안 되는 첫 번째 비밀의 규칙이다.

운명은 정해져 있다. 아니 스스로 정해서 온다.

중간에 바꿀 수도 없고, 바뀌지도 않는다. 아무리 신에게 빌어도 들어주지 않는다.

한 여자를 진심으로 사랑해 본 적이 있는가? 그렇게도 사랑하고 진심으로 잘 대해 주는데도 그 여자는 내겐 마음이 없다. 그리고 나보다도 못한 남자를, 그것도 여자를 우습게 여기고 하찮게 대하는 남자에게 매달려 당신을 애태우지 않던가.

또는 당신을 정말 사랑하고 잘 대해 주는 여자가 있는데, 도대체 그 여자가 마음에 안 들어오고 나를 우습게 여기는 여자에게 마음을 빼앗겨 애태우지 않았던가.

이유를 알 수 없었을 것이다. 내가 이렇게 잘해 주는데 그녀는 왜? 나를 이렇게 진심으로 사랑해 주는데 나는 왜?

이유는 하나다. 그러기로 정해서 왔으니까.

그러니 너무 애태우지 마라.

아니 열심히 애태워라. 그러려고 왔으니까.

나는 누구인가?

나는 누구인가, 또는 무엇인가?

도를 구하는 수행자, 선을 수련하는 사람, 종교인들, 한 번이라도 철학적이라고 할 수 있는 고민에 빠져 본 사람이라면 맨 먼저 떠올리는 의문이다.

우선 '나는 누구일까?'라는 질문 자체가 도대체 뭘 묻는 것인지가 아리송하다.

막연하게, 앞도 뒤도 없이, 그렇게 묻고 대답을 찾으려 한다면, 분명히 말하지만 절대로 답을 못 찾는다. 왜냐하면 그 질문은 우리가 이해할 수 없는 전체에 대한 질문이기 때문이다.

마치 '신은 무엇인가?' 하는 질문과 다를 바가 없기 때문이다.

그냥 '나는 누구인가?' 하고 물으면 그 대답은 '나는 모든 것이며, 또한 아무것도 아니다.'이다. 막연하게 그 물음만 붙들고 수년을, 수십 년을, 그리고 평생을 보낸 사람이 얻은 답은 '나는 개뿔도 아무것도 아니더라.'는 것이다. 그러니 인생이 허탈해지고, 허허 웃게 된다.

철학에 깊이 빠져, 기어이 뭔가를 얻어낸 사람은 바보가 되고, 인생의 실패자, 방관자가 되어 버린다. 철학 해서 돈 번 사람 봤는가? 도 닦은 사람 중에 살찌고 개기름 번드르르 흐르는 사람이 있던가?

신에 대해서, 인간에 대해서, 깨달음에 대해서, 알려고 하지 말라고 했다. 알아봐야 아무런 도움도 안 될 뿐더러 오히려 살아가는 데 방해가 된다고 했다. 나는 개뿔도 아무것도 아니란 걸 알고 나면 무슨 살맛이 나겠는가? 차라리 아무것도 모르고 잘난 체 하면서 사는 게 훨씬 낫지 않겠는가.

그렇다. 우리는 그렇게 살아야 한다.

옛날 어느 도인이 말했듯이 부처를 만나면 부처를 죽이고, 예수를 만나면 예수를 죽이고, 나를 만나면 나를 죽이고, 신을 만나면 신을 죽이고, 그러고 나면 자연히 그 의문에서 벗어나게 될 것이다. 하지만 그러한 깨달음의 경지에 간다는 것은 타고난 인연이 없이는 안 된다.

그러지 못할 바에는 차라리 발을 들여놓지 말아야 한다. 어설프게 들어갔다가 나갈 길을 못 찾아 그 안에서 뱅글 뱅글 돌고 있으면, 그 사람은 거지밖에 될 게 없다. 서울역 지하도에 누워 바삐 지나가는 사람들 쳐다보며 "불쌍한 인간들, 쯧쯧." 하고 혀나 차며 살아야 한다.

그러니 함부로 신을 알려 하지 말고, 나는 누구인가를 알려고 하지 마라.

'나는 누구인가?'에 대해 대답을 하려면, 우선 이 질문이 뭘 묻는지 정해야 한다.

누차 얘기했듯이 사람은 삼중의 존재다. 참나인 영혼, 그리고 물질 존재인 육신, 그리고 그 육신을 지배하고 조종하는 뇌(정신, 혹은 생각)가 그것이다.

'나는 누구인가?'라는 질문은 영혼과 육신, 정신을 합해서 그것을 하나로 보고 그것에 대한 설명을 요구하는 것이라 이해해야 할 것이다. 그리고 '나는 어디서 왔으며 어디로 가는가? 내 의지대로 사는가? 뭔가가 정해준 대로 사는가? 또는 어떻게 살아야 하는가?' 등등 그 모든 질문을 다 포함한 것이라 이해해야 맞을 것이다.

나 역시 위에서 나열한 모든 것에 대한 해답을 말할 수는 없다. 그렇게 되면 바로 걱정하는 막연한 질문이 되어 버린다. 그리고 개뿔도 아니라는 것이 대답이 되어 버린다.

그래서 사람을 이루는 세 가지 중에서 우리의 이해 범위를 벗어나는 영혼에 대한 부분은 빼고, 물질세계에 존재하는 육신과 정신에 대해서만 대답을 하려고 한다. 모든 것을 포함한 전체에 대한 질문은 이 책을 다 읽은 후, 스스로 찾기 바란다.

이제까지 '나는 누구인가?'에 대한 대답을 찾지 못한 이유는 하나다.

대답을 하나로, 한마디로, 한 가지로 한정해서 찾으려 했기 때문이다.

'신은 무엇인가?'라는 질문에 대한 답을 한마디로 하면 '신은 신이다.'이다. 그 대답밖에 없다. 마찬가지로 '나는 누구인가?'에 대한 답은 '나는 나다.'이다.

그러니 질문 자체를 한정해서 해야 한다. 즉 '나는 누구인가, 이름이 뭔가?'라고 물어야 한다. 그러면 '갑돌이다.'라고 대답할 수 있다. 혹은 '나는 누구인가, 직업이 뭔가?'라고 물어야 한다. 그러면 '선생이다, 학생이다, 경찰이다, 도둑이다, 장사꾼이다.'라고 대답할 수 있다.

나는 '남자인가, 여자인가?' '나는 나쁜 사람인가, 좋은 사람인가?'라고 물으면 그것 역시 대답할 수 있다.

나의 부모가 봤을 때 나는 자식이고, 나의 자식들이 봤을 때 나는 부모이다.

사장이 봤을 때 나는 직원이고, 택시를 타면 나는 손님이다. 학교에 가면 학부형이고, 교실에 앉아 공부할 때는 학생이다. 지금 뭐 하는 사람인가 물으면 일하고 있는 사람, 혹은 책을 보고 있는 사람이다. 퇴근하고 있는 사람이고, 노래하고 있는 사람이고, 등산하고 있는 사람이다. 수천 수만 가지의 내가 있다.

왜 이렇게 쓸데없는 말을 늘어놓는지 의아할 것이다. 혹은 눈치 빠른 사람은 이미 알아차렸을 것이다. 그렇다. 나는 수천 가지의 내가 합쳐진 것이다. 상황에 따라 수천 가지의 '나'가 존재하는데 '나는 누구인가?' 하고 딱 잘라 물으면 답이 없다. 그때그때 다르기 때문이다.

책 보는 사람에게 '나는 누구인가?' 물으면 책 보는 사람이다. 책 보는 사람은 딴 생각 하지 말고 책 보는 데만 열중해야 한다. 그래야 나에게 충실한 사람이 되는 것이다. 밥 먹는 사람은 밥 먹는 데만 열중해야 한다. 신문 보면서, 머릿속에 딴 생각 하면서, 밥이 제대로 먹어질 리가 없다.

노래하는 사람은 노래하는 데만 열중하면 되고, 춤추는 사람은 춤만 열심히 추면 된다. 등산 하는 사람은 등산에만 열중해야 한다. 그래야 절벽에서 미끄러져 죽지 않는다. 매사에 나는 누구인지 물어보라. 그리고 그 나에 열중하라. 그러면 당신의 삶이 조금 더 살찌게 될 것이다.

아무 생각 없이 그때그때 열심히 사는 사람이 나는 누구인지 열심히 공부하는 사람보다 더 나를 잘 아는 사람이고 나에게 충실한 사람이다. 굳이 나는 누구인가 알고 싶으면 그때 내가 뭘 하고 있는지 보라. 그리고 그 일에만 충실하라. 그리고 될 수 있으면 그런 거 묻지 말고 그냥 열심히 살라.

다시 반복하지만 인간사 알려고 하지 말고 그냥 사는 게 좋다.
알아 봐야 아무런 도움도 안 된다.
내가 누구인지 열심히 묻고 찾는 사람은 그거 찾다가 망한다.
밑도 끝도 없는 질문할 시간에, 다른 일을 하기 바란다.

생각이란 무엇인가?

도를 구하는 수행자들이 가장 애쓰는 것이 번뇌를 끊는 것이다.

여기서 번뇌란 무엇인가? 바로 뇌가 만드는 생각이다.

그렇다면 왜 생각을 끊으려고 할까? 왜 뇌를 비우려고 할까? 비우고 나면 어떻게 될까?

여기서 확실히 알아야 할 것이 있다.

영혼이 보내는 느낌과, 뇌가 만드는 생각은 분명히 다르다는 것!

다만 우리는 그것을 분별하지 못하고, 그것이 서로 다르다는 걸 모르고 있을 뿐이다.

그런데 그것을 꼭 분별해야 할 필요는 없다. 모든 사람이 그것을 분별하고, 영혼이 주는 느낌대로만 살면 이 세상은 저승과 다를 바가 없어질 것이다. 아웅다웅할 것도 없고, 편안함과 행복함, 그런 것들만 남게 될 것이다. 즉 이 세상의 존재 가치가 없어진다.

이 세상은 잔잔한 행복, 한없이 편안한 상태, 그런 것들이 지겨워서 잠시도 가만있지 못하게 서로 싸우고, 서로 뺏고, 서로 괴롭히고, 서로 고통 주는 곳이다. 남을 화나게도 하고, 나도 화내 보고, 사랑하기도 하고 사랑 받기도 하고, 사랑 때문에 울어 보기도 하고, 슬퍼하기도 하고, 안타까움에 몸부림쳐 보기도 하고, 그야말로 별별 짓을 다 해보기 위해 존재하는 곳이다.

모든 영화나 드라마가 그렇듯이 이 세상은 선과 악이 공존하는 곳이다. 착한 사람, 좋은 사람, 남을 배려하는 사람만 가지고는 어떤 영화도 만들어지지 않는다. 생각해보라. 조커란 악역이 없이 배트맨이란 영화가 만들어지겠는가? 그래서 우리는 언제든 악역을 할 준비가 되어 있고, 그러기 위해서는 우리가 악이라고 규정해 놓은 그런 일들을 부추기는 뭔가가 있어야 한다. 사람에게 있어 그것은 두뇌다.

두뇌, 그리고 그 뇌가 만드는 생각은 사람에게 있어 어떤 것이고, 또 어떤 역할을 하는가?

이것은 신이 무엇인지, 사람이 무엇인지와 같은 삶의 원초적인 문제가 아니다. 그런데도 굳이 이 문제를 거론하는 것은 꼭 알고 가야 할 중요한 문제이기 때문이다.

우리가 사람과 삶에 대해 알고자 할 때, 가장 장애가 되고, 또 잘

못 알고 있는 것이 바로 뇌와 생각, 이 부분이다. 그래서 우리는 깊이 생각할수록, 또는 도를 찾는답시고 명상에 드는 사람일수록 엉뚱한 길로 빠져들게 된다.

사람은 평생을 살면서 뇌가 가진 능력의 30%도 사용하지 못한다고 한다. 맞는 말이다. 그리고 그래서 큰 다행이다. 그나마 이렇게라도 사람이 자신을 통제하며 살 수 있는 이유다. 뇌는 사람의 육신에게 절대적인 지배권, 완벽한 통제 능력을 갖는다. 육신을 죽일 수도 있고, 두 배 세 배의 능력을 갖게 할 수도 있다는 것이다.

그래서 아주 위험하다. 영혼이 뇌를 통제하지 않고 뇌가 하는 대로 버려두면 사람은 모두 괴물이 된다. 지금 사람들은 멋모르고 뇌의 능력을 개발하고 극대화시키려고 노력하는데, 아주 위험한 짓이다. 그러나 다행히도 지금 하고 있는 그런 훈련 따위로는 뇌가 좋아진다거나, 뇌의 능력이 커지는 그런 일은 없다. 천만 다행이다.

우리가 잘 아는 최면술을 예로 들어 보자. 최면술에 걸린 사람은 뜻밖의 능력을 보이는 경우가 많다. 추운 곳에서 땀을 흘리기도 하고, 평소에 들 수 없는 무거운 물건을 번쩍 들기도 하고, 전생을 기억해 내기도 한다. 뇌는 육신에 대해 완벽한 지배권을 갖기에, 착각이든 뭐든 뇌가 그것을 진실이라고 생각하면 육신은 무조건 거기에 따라 행동하게 된다.

뇌는 똑똑한 것 같지만 대단히 어리석다. 마치 컴퓨터의 칩처럼, 뭔가를 입력해 놓으면 입력한 대로 아주 똑 부러지게 처리한다. 그런데 입력이 안 되어 있거나, 엉터리로 입력이 되어 있다면 뇌는 그것을 구분하지 못하고 착각과 조작을 하게 된다.

그런데 이런 것들은 금방 '아, 이게 아니지.' 하고 알게 되지만, 긴 세월 살아오는 동안 자신도 모르게 쌓이는 잘못된 정보들은 그런 게 머릿속에 있는지도 모를 뿐 아니라, 그것을 바탕으로 틀린 판단을 하고서도, 그것이 틀렸다는 것을 알지 못한다.

바로 전생에 대한 얘기가 그 대표적인 착각이다.

지금의 뇌는 전생에 있지도 않았다. 그렇게 있지도 않았던 뇌에게 전생을 묻는다? 그리고 그 뇌는 전생이랍시고 주절주절 늘어놓는다? 최면이라는 것이 뇌를 착각하게 만들어, 몸이 잘못된 행동을 하도록 만드는 것이다.

우리가 귀신, 유령, 또는 실제 현실이 아닌 것을 보기도 하고, 귀신이 들려 실제 자신과 다른 행동을 하는 것도 뇌의 장난이다. 앞에서 말한 최면술과는 달리, 뭔가에 자극 받아 뇌가 스스로 자기 최면에 들어간 것이다. 이처럼 뇌가 장난을 시작하면 없는 것도 있게 만들고, 있는 것도 없게 만들며, 나를 내가 아닌 다른 사람으로 만들기도 한다. 아프다고 믿어 실제 병을 불러오기도 하고, 날 수 있다고 착각해 높은 곳에서 뛰어내리게도 만든다.

이처럼 몸과 뇌가 따로 놀고, 몸이 감당할 수 없는 것을 뇌가 시키면 소위 말하는 미친 사람이 된다. 그럼 뇌는 왜 몸이 감당할 수 없는 것을 시키는가? 그것은 뇌의 욕심 때문이다.

뇌는 끊임없이 욕망을 만들어 낸다.

자신을 들여다보라. 하고 싶은 것이 얼마나 많은지.

박지성을 보면 축구를 잘하고 싶고, 박찬호를 보면 야구를 잘하고 싶고, 박세리를 보면 골프를 잘 치고 싶고, 조용필을 보면 나도 저렇게 노래를 잘하고 싶다. 맛있는 것도 먹고 싶고, 좋은 차도 갖고 싶고, 좋은 옷도 입고 싶다. 멋진 몸매를 갖고 싶고, 돈을 많이 벌고 싶고, 멋진 이성과 사랑하고 싶고, 좋은 곳에 여행가고 싶고, 건강하고 싶고, 오래 살고 싶다.

이 세상 모든 것을 다 주어도 채울 수 없는 것이 욕심이고, 그 욕심은 몸이 만드는 것이 아니라 뇌가 만드는 것이다. 뇌는 몸을 이용해 그 욕심들을 채우려고 한다.

뇌가 이렇게 욕심을 부리는 데는 이유가 있다.

뇌에게는 지금의 생이 유일한 것이기 때문이다. 이 물질세상의 유지를 위해 결코 깨서는 안 되는 비밀의 규칙 중 또 하나, 모든 물질은 유일무이하다는 것이다. 그것이 존재의 이유, 존재의 가치이기도 하다.

과거는 물론 앞으로도 영원히 같은 것은 생길 수도 없고, 생겨지지도 않는다. 안 됐지만 지금의 뇌는 다시 만들어지지 않는다. 영혼은 끝없이 환생하므로 좋은 것도 안 좋은 것도, 행복도 불행도, 기쁨도 슬픔도 받아들인다. 모든 희로애락이 같은 가치를 갖는 것이다.

그러나 뇌는 이번이 처음이자 마지막이다. 그러니 좋은 것만 골라 그것을 다 해보고 싶을 수밖에. 뇌를 통제하지 않으면 뇌는 몸을 가지고 모든 것을 다 하려 할 것이고, 몸은 감당하지 못해 곧 망가지게 된다.

그러나 다행스럽게도 대부분의 사람들은 뇌를 통제하는 몇 가지 수단을 갖고 있다.

첫째가 가슴 속에서부터 들리는 양심, 혹은 이성, 뭐라고 부르든 '더 이상 그래서는 안 돼.' 하는 영혼의 울림이다. 이것은 뇌의 욕심을 누르는데 상당한 힘을 발휘하지만 뇌를 이기지는 못 한다. 영혼은 몸을 지배하지 못하기 때문이다.

몸이 영혼의 울림을 감지하더라도, 뇌는 그것을 거부하고 몸을 그것과는 반대로 움직이게 만들 수 있는 능력이 있다. 영혼의 능력이 훨씬 큰데, 왜 영혼이 뇌를 못 이길까?

거기에는 그래야 하는 이유가 있으니 다음에 설명하겠다.

뇌를 통제하는 두 번째 수단은 몸을 재우는 것이다.

몸을 재우지 않으면 생각에 생각이 꼬리를 물고, 그러다 보면 그 욕심은 점점 커져 통제할 수 없게 되고 결국은 그것을 행동으로 옮기게 된다. 그래서 우리의 몸은 수시로 자게 만들어져 있다. 푹 자고 나면 뇌가 진정이 되고 욕심이 줄어든다.

뇌의 본래 역할은 눈, 코, 입, 귀, 그리고 촉감, 이 다섯 가지 감각기관이 물질세계에서 느낀 것들을 해석하여 그에 대응하는 행동을 하는 것이다. 뜨거운 것이 손에 닿으면 얼른 떼고, 쓴 것이 입에 들어오면 뱉어 낸다거나 하는 것이다. 어린 아이처럼(아이의 뇌는 아직 순진하다.) 스스로 장난을 하려 않는다. 그런데 문제는 뇌의 용량이 너무 크다는 것이다. 물질세계에는 너무나 많은 것들이 존재하고, 호기심 때문에 혹은 본능 때문에 알아야 할 것들이 너무 많다. 그래서 그 모든 것들을 다 담아 내기 위해, 뇌의 용량은 상상할 수 없을 만큼 크게 만들어졌다.

뇌의 용량이 너무 크다 보니, 입력된 것을 넘어서, 다음 행동을 유추하고 미리 대응하는, 말하자면 한 단계 진화된 행동을 하게 된다. 그리고 그 행동이 생존과 경쟁에서 훨씬 유리하다는 걸 알게 되면서 뇌는 빠른 속도로 진화하게 된다. 쉽게 말해 때가 묻고, 꾀가 늘어가는 것이다.

뇌는 뛰어난 학습 능력이 있다. 반복되는 자극이나 충격은 입력되어 그 사람의 행동에 큰 영향을 준다. 물에 빠져 죽을 뻔했다든지, 불에 데어 혼이 났다든지 하는 자극은 그 즉시 입력되어 그 사람의 행동에 큰 영향을 준다.

그런데 문제는 이런 의도된, 혹은 인지하고 있는 정보도 입력이 되지만, 본인이 전혀 모르는 사이에 입력되는 것이 훨씬 많다는 것이다. 그리고 이런 것들 역시 그 사람의 행동에 영향을 준다. 그런데 이런 정보는 자신이 인지하지 못하고 있으므로, 어떤 행동을 하고서 '내가 왜 그랬을까?' 하고 스스로도 이해하지 못하는 것이다. 이런 것들은 위급한 상황이나 극한 상황 등, 차분히 생각해 대응할 여유가 없을 때 반사적으로 튀어나오는 경우가 많다.

남들은 아무렇지도 않은 사소한 일에 유난히 화를 낼 때가 있을 것이다. 또는 키가 크다고, 쌍꺼풀이 있다고, 말이 많다고, 안경을 썼다고, 기타 여러 가지 말도 안 되는 이유로, 내게 특별히 잘못한 것도 없는 사람을 미워하는 것들도 그 영향이다.

또한 뇌는 무에서 유를 창조하는 능력은 없지만(그것은 영혼의 영역이다.) 머릿속에 입력된 지식을 토대로 '플러스 알파'를 해서 발전시키는 능력이 있다. 배가 고프다는 신호를 뇌가 감지하면 뇌는 몸을 움직여 먹을 것을 찾아 배를 채우게 된다. 그런데 조금 있으면 다시 배가 고파진다.

이를 몇 번 반복하다 보면, 뇌는 알게 된다. 먹을 것을 모아두면 배가 고플 때 찾아다닐 필요가 없다는 것을. 그 후론 먹을 것이 있으면 필요한 만큼만 먹고 그냥 두는 게 아니라, 그것을 몽땅 가지려 하게 된다. 이 세상에는 전 인류가 먹을 만큼의 양식이 있지만 항상 부족한 이유다. 뇌가 욕심을 부리면 수천 명이 평생 먹고도 남을 것을 혼자 몽땅 가지려 한다. 어찌 다툼이 일어나지 않겠는가?

이 뇌라는 것은 이렇게 끝없이 욕심을 부리기도 하지만 또 한없이 어리석다. 잘못 입력된 정보를 100% 현실에 반영해 버린다. 정상적인 사고를 하는 사람이 볼 때는 전혀 아닌 행동을, 잘못된 정보를 입력한 뇌가 지배한 몸은 실제로 하게 되는 것이다.

한 의사가 며칠 후면 사형이 집행될 사형수를 상대로 실험을 했다.

사형수를 침대에 묶은 다음, 보지 못하도록 눈을 가렸다. 그리고 손목의 동맥을 자른다고 말하고, 메스를 거꾸로 대고 손목의 동맥을 자르는 것처럼 흉내를 냈다. 양동이에 피가 떨어지는 것처럼 착각을 하도록 물을 똑똑똑 떨어뜨렸다.

실제로 그 사형수는 진짜 동맥이 잘려 피가 다 빠져 나간 것처럼 하얗게 질려서 죽었다. 뇌가 착각해서 동맥이 잘린 것으로 입력이 되면 몸은 죽는다. 이처럼 뇌는 몸을 죽일 수도 있다.

앞서 말했던 전생의 기억도 마찬가지다. 전생을 기억하는 사람들은 TV나 신문, 책, 기타 어디서든 전생에 대한 얘기를 알게 모르게 반복적으로 들었던 사람이다. 스스로 내 전생은 무엇일까 생각해 본 사람들이다. 그래서 자신의 전생은 이것이라고 뇌에 입력을 했거나, 점쟁이나 다른 사람들이 황당한 것을 입력시킨 것이다. 전생에 대한 얘기를 들은 적이 없고, 생각해 본 적이 없는 사람은 최면을 걸어도 아무것도 나오지 않는다.

또 신비 현상이라고 소개되는 귀신, 유령, 기타 그 비슷한 현상도 그렇다. 다른 사람은 보지 못하는데, 그 사람 눈에만 보인다. 흉가나 공동묘지, 혹은 누군가가 자살한 장소에 귀신이 있다고 믿는 경우가 많은데, 그것도 마찬가지로 책이나 TV에서, 점쟁이나 무당에게서 들어왔기 때문에 뇌가 착각을 하고 실제처럼 눈앞에 만들어 내는 것이다.

뭔가에 의해 뇌에 귀신이 입력되면, 실제로 눈에 귀신이 보인다. 연기를 하는 것이 아니라 실제로 보이는 것이다. 그러니 소리를 지르고 손을 허공에 휘저으며 쫓아내려 하고 도망 다니기도 한다. 옆에서 보고 있는 사람들조차 진짜 뭐가 있는 것 아닌가 하고 착각하게 만든다.

조심해야 한다. 충격을 받아 당신의 뇌에도 귀신이 입력되면, 당신 눈에도 보이게 될지 모른다. 진실이 아닌 허구이니 동요하지 말고 웃어넘기면 된다.

빙의 현상이라는 것도 마찬가지다. 사랑하던 부모 형제, 자녀를 먼저 보낸 사람은 그 상실감, 그리움, 안타까움에 생각을 집중하게 된다. 그러다 그 그리움을 조금이나마 풀어내려고 그 사람이 생전에 하던 행동을 혼자서 중얼중얼 흉내를 내는 경우가 있다. 아내를 잃은 남편은 퇴근해 집으로 오면 반기던 아내를 그리워하며, 아내가 하던 말을 흉내내기도 한다. "아유, 술 좀 그만 먹지." 하면서 눈을 흘기는 시늉을 한다.

어머니의 모습이 되어 "회사는 괜찮니?" 하고 늘 하시던 말씀을 흉내내고, 어린 아들이 책상에 앉아 "아빠" 하고 부르던 모습을 흉내내 보기도 한다. 사랑하는 사람을 잃으면 누구나 이런 행동을 한다.

대부분의 사람들은 견디면서 살아가지만, 어떤 사람의 뇌는 그 욕심을 이기지 못해 뇌의 지각 시스템을 바꾸고 착각 속으로 들어간다. 영원히 그 사람과 함께하고픈 욕망에 뇌 속에 그 사람을 심는 것이다. 그리고 뇌가 원하는 대로 그 사람과 영원히 함께 사는 것이다. 내가 되었다, 그 사람이 되었다, 왔다 갔다 하면서.

끔찍하게 싫어하는 사람도 뇌에 강렬한 자국을 남긴다. 혹시라도 자신을 다시 찾아올까 봐 그림자에 대고 욕을 한다. 그러면서 이런 미움이 뇌에 심어지고, 서로 마주보고 욕하면서 살게 된다. 내가 되었다, 싫어하는 그 사람이 되었다, 왔다 갔다 하면서.

뇌란 이런 것이다. 잘못된 뭔가가 입력이 되면 터무니없는 행동을 하게 되고, 또 그 때문에 죽을 수도 있다. 뿐만 아니라 뇌는 단 한 번의 생 밖에 없다는 것을 안다. 끝없이 욕심을 부릴 수밖에 없다.

뇌는 위험한 것이다. 너무 발달시키려고도 하지 말고, 너무 과신하지도 마라. 그럴수록 세상에는 미친 사람들이 많아진다. 끝없이 욕심을 만들어 내고, 몸으로 하여금 그 욕심을 행동으로 옮기게 만든다. 그래도 욕심이 채워지지 않으면 내가 원하는 것을 가진 사람이 내 것을 빼앗아 간 것처럼 착각하고 미워하게 된다.

머리 좋아지게 만든답시고 열심히 뇌를 떠받들면 그만큼 영혼과는 멀어지고 뇌의 노예가 된다.

두뇌는 위험한 것이다. 가끔은 철학적인 사색을 하고, 가슴이 두근거리는 것을 느껴보기 바란다. 가끔은 뇌를 내려놓고 하늘을 보며 하루를 보내기 바란다.

전생 인연은 있는가?

이 질문 또한 '신은 있는가?'와 마찬가지로 끝없이 반복되는 질문이다.

이 질문에 대한 대답은 '있다.'이다. 정확히 말하면 있기는 있는데, 우리가 알고 있는 그런 전생인연과는 다르다.

우리가 흔히 알고 있는 것이 인과응보에 따른 주고받기 개념으로의 전생인연이다.

전생에 잘못한 게 많으면 이생에서 고생한다.

전생에 복을 많이 지어 놓아서 이생이 편하다.

이생에서 착하게 살면 다음 생에 편하게 산다.

이생에서 나쁜 짓 많이 하면 다음 생에 고생한다.

이런 말들은 대부분 어른들의 푸념이나 넋두리를 듣다 보니, 머리에 박힌 말들이다. 또 특정 종교에서 쓰는 교인들을 옭아매기 위한 수단이기도 하다.

그러나 전혀 아니다. 이런 말들은 사람을 힘들게 하는 쓰레기 같은 말들이고, 신이 정해 놓은 순환의 진리에 대해 생각해 본 적도 없는 사람이 내뱉은 말이거나, 자신의 종교를 합리화시키기 위한 말들이다.

전생 인연을 인과응보의 관계로 생각하면 엉뚱한 길로 가게 된다.

우선 인과응보에 대해 잠시 얘기를 해보겠다. 우리가 알고 있는 인과응보는 지금 내가 한 행위에 대해, 나중에 그 대가를 치르게 된다는 것이다.

하지만 아니다. 인과응보의 개념은 전혀 그런 것이 아니다.

예컨대 무슨 일을 하면 그 결과는 그 자리에서 바로 나타난다.

누군가가 나를 화나게 만들면 나는 화가 난다. 화나게 만든 것은 원인이고, 화난 것은 결과다. 원인과 결과, 즉 인과응보는 그 자리에서 바로 소멸된다.

물론 그 자리에서 또 다른 인과응보가 생길 수는 있다. 내가 화가 나서, 화나게 한 그 사람을 한 대 때렸다. 내가 화난 것은 원인이고, 한 대 때린 것은 결과다. 인과응보는 역시 그 자리에서 소멸된다. 물론 이것이 또 다른 인과응보를 불러올 수는 있다. 그러나 이것들을 연결시키면 이상해진다.

끼워 맞추기 식의 인과응보가 그런 것이다.

길을 가다가 떨어지는 벽돌에 머리를 맞았다. 생각해 보니 어제 엄마에게 거짓말을 했다. 역시 죄지으면 벌받는구나. 바로 그런 식으로 끼워 맞추는 것이다. 그러나 엄마에게 거짓말한 사람이 한두 사람이겠는가? 아무도 머리에 벽돌을 안 맞았는데 왜 나만 맞겠는가? 만약 그게 인과응보의 결과라면 모두 머리에 벽돌을 맞아야 되지 않겠는가?

인과응보라는 것이 내게만 적용된다면 그런 불공평이 어디 있겠는가? 신이 만들어 놓은 규칙에는 예외가 없다. 아무에게도 특혜를 주지 않지만 그렇다고 특별히 누구에게 손해를 주지도 않는다.

인과응보도 마찬가지다 누구에게나 똑같이 공평하게 적용된다. 모든 원인과 결과는 그 자리에서 바로 나타나고 인과응보의 관계는 그 자리에서 바로 소멸된다. 그래서 우리가 저 세상으로 갈 때는 항상 제로 상태로 간다. 올 때도 마찬가지, 제로 상태로 온다.

그렇다면 전생 인연은 없는 것이라고 생각할 수도 있다.

그러나 아니다. 있다. 다만 우리가 생각하는 것과 다를 뿐이다.

사람들의 인성이 제각각이듯 영혼의 본성도 각기 다르다. 영혼의 본성이니 영성이라 부르기로 하겠다. 영성이 다르다고 해서 우리가 생각하듯이 악한 영성, 선한 영성, 또는 온순한 영성, 거친 영성이 있다는 것이 아니라, 다만 다를 뿐이라는 걸 우선 말하겠다.

수천 개의 사과가 있어도 그 사과의 모양과 색깔이 각기 다른 것과 같다고 생각하면 쉬울 것이다. 빨간 사과는 착하고 파란 사과는 나쁜 것이 아닌 것처럼. 다만 색깔이 다르고 모양이 다르다는 것이지 그것이 무슨 성질은 아니라는 것이다.

그렇게 서로 다른 영성을 가진 영혼들 사이에서도 서로 끌리는 영혼들이 있다. 마치 빨간색을 좋아하고 파란색을 좋아하는 것처럼, 거기에 어떤 이유 같은 것이 없이 그냥 끌리는 것이다. 색깔로 비유하면 비슷한 색끼리 동화가 잘 되므로, 나와 비슷한 색깔에 끌리게 되는 것과 같다.

세계 여러 나라 사람들이 섞여서 와글거리는 곳을 돌아다닌다고 가정해 보자. 어쩐지 나와 비슷한 사람 옆에 발길이 머물게 되고, 비슷한 사람끼리 모이게 되는 것과 같은 것이다. 바로 그런 이유로 영혼들도 이 세상에 올 때는 비슷한 영성을 가진 영혼들이 모여 있는 곳으로 온다.

부부로, 부모와 자식의 인연으로, 친구로, 사랑하는 연인으로.

그렇게 맺어진 인연은 한 세상으로 끝나지 않는다. 다음에 다시 이 세상에 올 때도 기왕이면 지난 생에서 나의 아내였던, 남편이었던, 부모였던, 자식이었던, 또는 사랑하는 사람이었던 그 영혼들이 모여 사는 곳으로 오려고 한다. 그들의 곁에 빈자리가 있으면 그쪽으로 오는 것이다. 그런데 그들 옆에 모든 역할이 다 채워지고 빈자리가 전혀 없을 때도 있다. 그때는 그들과 조금 떨어진 곳으로 오기도 한다.

오다가다 마주치는, 그나마도 없을 때는 일생에 단 한 번 길에서 우연히 스쳐지나가는 그런 역으로도 온다. 사랑했던 부모형제, 친구, 친척, 연인, 그들이 이생에서 잘 지내는지 스쳐지나가면서, 한 번이라도 보고 싶은 것이다.

당신이라면 그러지 않겠는가?

전생 인연은 이런 것이다. 주고받기 식의 인과응보에 따른 것이 아니라, 사랑했던 인연으로 서로 찾게 되고 다시 만나는 것이다. 한 세상 살면서 수십, 수백만의 사람이 내 곁을 스쳐지나간다. 그런데 그 중에 누군가는 가슴을 쿵 하고 치고 간다. 이름도 성도 모르고, 생전 처음 보는 사람이, 다시는 만날 일이 없는 그런 사람이…….

그 사람은 나와 영혼의 색깔이 같은 소울메이트다. 그런 사람은 단 한 번 스쳐지나가도 금방 알 수가 있다. 나와 인연이 없는 사람들은 눈으로 들어와 뇌로 가지만, 소울메이트는 영혼이 알아보고 가슴으로 들어온다. 내 곁을 스치기만 해도 가슴이 뛰는 것이다.

그런 사람을 만나면 바쁘더라도 돌아서서 뒷모습이라도 한 번 더 보기 바란다.

전생에 당신의 아내나 남편이었을 수도 있고, 다음 세상에 그 사람과 같이 살게 될지도 모르니까.

내가 존재하는 이유는 무엇인가?

한 마디로 모든 존재는 동일한 가치를 지닌다.

그리고 모든 존재는 신과 마찬가지로 유일무이하다.

부처는 태어나서 일곱 걸음을 걸은 후 '천상천하 유아독존(天上天下 唯我獨尊)'이라고 말했다. 그런데 부처뿐만 아니라 이 세상에 존재하는 모든 인간은 천상천하 유아독존이다. 부처는 모든 인간이 그런 존재라는 걸 설파했지만 듣고 옮기는 사람들이 그걸 부처에게만 한정시켜 부처만 그런 걸로 만들었다.

그러나 아니다. 부처가 한 말은 '모든 인간이 천상천하 유아독존'이라는 뜻이다. 그것이 진리니까.

지금 인간들은 신도 하지 않는 짓을 태연히 하고 있다. 신도 해서는 안 되는 짓, 바로 인간의 등수를 매기는 것이다. 크기나 힘으로 등수를 매기고, 지식의 많고 적음으로 등수를 매기고, 특히나 돈의 많고 적음으로 등수를 매긴다.

하지만 인간의 가치는 그런 것으로 매겨져서도 안 되고, 그런 것으로 매겨지지도 않는다. 인간을 비롯한 세상 모든 만물은, 그것이 허공을 떠다니는 한 개의 먼지, 바닷가에 널려 있는 부지기수의 모래알 하나, 풀 한 포기, 작은 벌레 한 마리일지라도, 단 하나도 같은 것이 없다. 왜일까? 그것은 이 세상, 이 물질계의 독창성 때문이다. 독창성이란 한 개의 동일한 가치를 가진 영혼이 각기 그 영혼이 원하는 바에 따라 거기에 맞는 물질, 또는 육신을 스스로 창조해서 온다는 의미이다.

왜 훌륭하고 멋진 하나를 택해, 그것만을 반복해서 만들어 오지 않는가?

첫째, 모든 영혼은 원하는 것이 다르기 때문이다.

서로 다른 원하는 것에 맞는 물질을, 또는 육신을 가지고 오는 것이다. 이 세상은 수천만 개의 드라마가 동시에 상영되고 있는 곳이고, 그 드라마 속에 수십억 명의 등장인물이 있다. 그런데 모두 잘 생기고 훌륭한 꼭같은 한 개의 인물만이 나와서 서로 다른 역할을 한다? 글쎄, 그래서 세상이 잘 돌아갈까?

한마디로 거지같은 역할을 멋지게 하고 싶으면 거지같이 생기고, 거지같이 입고, 거지같은 속성을 가지고 있으면 된다. 그냥 가만히 있기만 해도 거지같은 것이다. 잘 생기고 잘 차려입고 거지 연기를 한다? 아무리 거지 연기를 해도 땡전 한 푼 생기지 않는다. 그래서 각자 자신이 원하는 역할에 맞는 모습으로 오는 것이고, 같은 모습은 없는 것이다.

둘째, 아무리 귀한 것이라 할지라도 그것이 많아지면 그 가치는 바닥에 떨어진다.

다이아몬드가 비싼 이유는 귀하기 때문이다. 길바닥에 돌멩이처럼 흔하다면 누가 그걸 귀하게 여기며 돈 주고 사겠는가? 마찬가지로 이 세상에 잘생기고 멋진 인간들만 우글거린다면 그게 무슨 가치가 있겠는가? 아울러 이 세상은 무슨 의미가 있겠는가? 존재의 이유가 없어진다.

어떤 사람이 생을 다하고 죽었을 때 우리는 슬퍼한다.

단 하나뿐인 존재가 소멸됐고 아무도 그를 대신할 수 없기 때문이다. 똑같은 인간이 우글거리고 있다면 하나가 죽은들 그게 무슨 대수겠는가? 네가 죽으나, 내가 죽으나, 오거나 가거나 무슨 의미가 있겠는가?

사람은 죽음 앞에 서서야 비로소 깨닫는다고 했다.

미리 깨달아 다 알고 나면 이 세상은 허무해지고 무의미해진다.

신의 뜻을 미리 알려고 애쓸 필요가 없다는 말이다. 애쓴다고 알아지지도 않겠지만, 모두가 깨달아 세상의 희로애락으로부터 벗어나 허허 웃고만 사는 세상, 그것 또한 얼마나 끔찍한가? 살아남기 위해 반항하고 애써보지만, 그 모든 몸부림이 다 허사가 되고 저만치 죽음이 다가올 때, 그 사람은 미소를 띠게 된다.

그리고 말한다. 지금 살아있는 것 자체가 감사하다고.

지금의 삶에서 이루었던 모든 것들, 가졌던 모든 것들을 철저하게 다 잃은 사람들이 있다. 그것들을 빼앗기지 않으려고, 눈곱만큼이라도 지키려고 처절하게 몸부림쳤던 사람들, 그 몸부림이 처절했을수록, 그 상실감이 컸을수록, 완전한 절망의 나락으로 떨어지게 된다.

그 역시 마지막 순간에 이렇게 말한다.

살아있는 것 자체가 감사하다고.

왜, 많은 것을 가지고 있을 때는 살아 있는 것 자체, 존재 자체가 감사한 줄 몰랐을까? 대부분의 사람들에게 '무엇에 감사한가?'라고 물으면, 내게 잘해주어서 감사하고, 내가 원하는 것을 가질 수 있어서 감사하고, 우리 아이가 공부를 잘해서 감사하다고 한다. 이렇기 때문에 감사하고, 저렇기 때문에 감사하고, 무엇 무엇 때문에 감사하다는 것이다.

그러나 아니다. 무엇 때문에 감사한 것이 아니다.

사람이 무엇엔가 감사해야 한다면, 그것은 오직 하나, 존재 자체에 대한 감사, 그것뿐이다. 좋은 차를 가져서, 예쁜 아내를 가져서 감사하다? 그럼, 차가 없고 마누라가 예쁘지 않으면 안 감사한가?

그건 아니다. 이 세상에 어떤 형태로 존재하든, 우리는 그 존재 자체에 감사해야 한다. 당신은 신과 마찬가지로 유일무이한 존재이며, 그 어떤 잘난 사람도 당신을 대신하지는 못한다. 당신의 존재 이유는 바로 존재 그 자체에 있고, 당신의 존재 가치 역시 당신의 존재 그 자체에 있다.

당신이 아무것도 가진 것 없는 거지일지라도, 일자무식한 사람일지라도, 장애인일지라도, 바보일지라도, 식물인간이 되어 죽기만을 기다릴지라도, 당신은 이 세상에 단 하나밖에 없는 유일무이한 존재이다.

이 세상은 당신을 중심으로 돌고 있고, 당신은 그 세상의 중심에 있다. 그리고 당신이 없어지면 당신이 주인이던, 그 세상도 같이 없어진다. 누구에게나 공평하게 하나씩 세상이 주어지고, 그 세상은 당신과 함께 생기고 당신과 함께 사라진다.

그 수많은 잘난 사람들도 당신이 눈을 감는 순간 당신과 함께 사라진다.

당신을 비웃던 사람도, 당신을 사랑했던 사람도, 당신과 함께 사라진다.

당신이 있어야 그들도 존재한다.

당신은 이 우주와 마찬가지로 소중한 존재다.

'업'이란 무엇인가?

우리는 '업(業)' 하면 '내가 지은 죄'를 떠올리는데 이는 전혀 관계가 없다는 것을 미리 얘기해 두겠다. 앞에서 얘기했듯이 인과응보란 그 자리에서 모든 원인과 결과가 바로 나타나고 바로 소멸되기 때문에, 그 어떤 것도 다음 생에 빚으로 넘어가 영향을 끼치는 일은 없다.

내가 누군가를 한 대 때리면 그 결과로 맞은 사람은 그 자리에서 아프다. 나중에 아프거나 다음 생에 아플 수는 없다.

그럼 돈을 빌린다던가 하는 부채 관계는 어찌 되는가? 빌리기만 하고 안 갚아도 된다는 얘긴가? 그것은 별개의 문제로, 이 부분은 잘 이해를 해야 된다.

내가 누군가에게 돈을 빌린다고 가정했을 때, 그것은 원인이 되는 행위임에 틀림이 없다. 그런데 돈을 도로 갚아야만 결과가 이루어지는 것으로 생각하는데, 꼭 그것으로만 결과가 해소되는 것은 아니다.

마치 누군가에게 적선을 베풀었는데 그만한 보상이 돌아오지 않으면 결과가 없다고 생각하는 것이 옳은 판단이 아닌 것과 같다. 적선을 통해 내 마음이 기뻐지는 것으로 우리는 이미 보상을 받은 것이다. 마찬가지로 내가 누군가에게 돈을 빌리는 순간, 나는 마음의 짐을 지게 된다. 누군가에게 돈을 빌리고, 그 결과로 마음의 짐을 지는 것으로 인과응보는 끝난다.

다만 돈을 갚는 것으로 마음의 짐을 벗을 수도 있고, 못 갚아서 시달림을 받으며 계속 그 짐을 지고 힘들어 하는 것으로 짐의 무게를 줄여 나가는 방법도 있지만, 그런 행위들은 돈을 빌린 다음에 일어나는 또 다른 인과응보의 하나일 뿐이다.

즉 '빚을 져서 마음이 안 편함'이 또 하나의 원인이 되어 '돈을 갚음'으로써 마음이 편해지는 결과를 가져오는 것은 또 다른 인과응보의 연속이 될 수는 있지만, 그것이 돈을 빌림으로써 생기는 결과와는 별개라는 말이다.

그럼 '업(業)'이란 것은 없는가?

그건 아니다. '업'이란 것은 있다. 다만 여러분들이 생각하는 그런 것이 아닐 뿐이다.

'업'이란 한마디로 말하면, 그렇게 타고나 버리는 걸 말한다.

예를 들면 이런 것이다.

물고기는 물속에서만 살아야 한다. 왜? 거기에 무슨 이유 따위는 없다.

물고기가 무슨 죄가 많아서 그런 게 아니다. 다만 물고기이기 때문에 물속에서만 살도록 타고나 버린 것이다. 물고기 스스로가 그렇게 결정한 것도 아니고, 누군가 그렇게 시킨 것도 아니다.

다만 그렇게 타고났을 뿐이다. 이런 것이 바로 '업'이라 할 수 있다. 그렇게밖에 할 수 없고, 그렇게밖에 안 되는 그것! 사자는 사자처럼 생겨서 태어나고, 사자처럼 걷고, 사자처럼 생각하고, 사자처럼 먹는다. 소는 소처럼 생겨서 태어나고, 소처럼 걷고, 소처럼 먹고, 소처럼 생각한다.

세상에 둘째가라면 서러울 큰 힘을 가진 황소가 사람이 시키는 대로 죽도록 일하고, 자기보다 훨씬 힘이 약한 동물에게 잡아먹히기도 한다. 힘센 황소가 사자처럼 사나운 성질을 가지고, 사자처럼 약한 동물들을 잡아먹는다 해도, 누가 당할 수 있을 것인가? 그런데도 소는 바보같이 당하고만 산다. 바로 소의 '업'을 타고나 버렸기 때문이다.

거미는 거미처럼 생겨서 태어나 거미줄을 쳐 놓고 먹잇감을 기다린다. 걸리면 잡아먹고, 또 걸리면 잡아먹고, 거미의 '업'을 타고났기 때문에 그렇게밖에 못한다. 개는 개대로, 돼지는 돼지대로, 세상의 모든 생명들은 각자 자기의 '업'을 타고나고, 그 '업'대로 살다 간다.

그럼, 사람의 '업'은?

사람도 역시 각자의 '업'을 타고나는데, 짐승이나 다른 생명들의 '업'과는 다르다. 앞에서 말했지만 사람은 운명 또는 팔자라는 게 정해져 있다. 아니 정해져 있다기보다는 정해서 온다. 바로 그 운명 때문에 '업'을 타고난다. 그렇게 살 수밖에 없도록 성격, 외모, 능력, 기타 모든 것을 타고나 버리는 것이다.

제왕의 운명을 가지고 온 사람은 제왕의 '업'을 타고난다. 왕의 아들이 여럿이라도 그 중 한 사람만 왕이 될 수 있다. 그 중 한 사람만 제왕의 '업'을 타고나 생긴 것, 생각하는 것, 행동하는 모든 것이 제왕의 운명을 향해 가도록 되어 있는 것이다.

힘으로, 총칼로, 또는 덕으로, 또는 말로, 그 시대 상황에 따라 타고나는 '업'의 모양새는 달라도, 그 '업'은 결국 그를 제왕의 길로 가게 만든다.

큰 부자의 '업', 거지의 '업', 글쟁이의 '업', 그림쟁이 소리쟁이 싸움꾼의 '업'…….

어떤 사람은 새벽에 눈만 뜨면 부지런히 뭔가를 하는 '업'을 가지고 왔다. '제발 좀 쉬어 가면서 하라.'고 해도 쉬지를 못한다, 부지런한 '업'을 타고났기 때문이다. 또 어떤 사람은 아무리 혼내고 재촉해도 그때뿐, 눈만 떼면 빈둥거린다. 게으른 '업'을 타고났기 때문이다.

둘 중에 누가 부자가 될까?

어떤 사람은 틈만 나면 음악을 듣고 노래를 한다.

어떤 사람은 틈만 나면 글을 생각하고 글을 쓴다.

이런 '업'을 타고난 사람은 누가 많은 돈을 들여 큰 장사를 하게 해줘도 곧 망한다. 타고난 '업'이 아니기 때문이다. 틈만 나면 딴 생각을 하는데 장사가 될 리가 있겠는가? 어떤 사람은 꼬치꼬치 따지는 걸 좋아하는 '업'을 타고났고, 어떤 사람은 웬만한 일은 그냥 그냥 넘어가는 '업'을 타고 났다. 여러분은 누구와 있고 싶은가?

지난 시절, 먹고 살기 힘들었던 어른들이 늘 한탄하며 하던 말이 있다.

"내가 무슨 '업'이 많아서 이 고생인가."

그 말 속에 들어 있던 '내가 지은 죄가 많아서'라는 의미의 '업'은 없다. 그것은 '업'이 아니라 내 스스로 만들어 가지고 온 운명이다. 그 운명대로 살 수박에 없도록 타고나 버린 외모, 성격, 생각, 그 외 모든 행동방식, 그게 바로 '업'이다.

영혼에도 본성이 있는가?

영혼에게도 본성이 있을까?
각각의 영혼에겐 다른 영혼들과는 다른 뭔가가 있을까?

이 문제에 대한 대답은 '그렇다. 있다.'이다.

앞에서 영혼은 한 개의 빗방울이기도 하지만, 큰 바닷물처럼 하나가 된다고 했다. 이 세상에서 몸을 버리고 저 세상으로 가는 순간, 영혼은 나와 너의 구분이 없어지고 하나가 된다고 했는데, 각각의 영혼에 서로 다른 본성이 있다는 것이 이상하지 않은가?
큰 하나로 합쳐지는데, 어째서 영혼의 본성, 즉 영성만은 따로 유지가 되는가?

그 이유는 이렇다. 빗방울이 하나의 큰 바닷물로 합쳐지는 이유는 그것이 물이고 물의 성질을 가지고 있기 때문이다. 만약 빗방울이 물이 아닌 작은 구슬이라면 하나의 큰 바닷물이 될 수가 없다. 하나하나의 빗방울이 모여서 큰 바다를 이루는 것은 그래야 할 어떤 이유가 있는 것이 아니다. 빗방울이 물로 이루어져 있고, 물은 낮은 곳으로 흐르는 성질을 갖고 있기 때문이다. 그래서 결국 하나의 큰 바닷물이 될 수밖에 없는 것이다.

영혼이 하나가 된다고 한 것 역시, 그것이 물질이 아니기 때문에 나눌 수 없다는 말과 다르지 않다. 나눌 수가 없다? 즉, 하나밖에 없는 것이다. 하나가 된다고밖에 표현할 수 없는 것이다.

여기서 우리가 특별히 염두에 두어야 할 것이 하나 있다.

우리는 현재 물질계에 살고 있다. 즉 만져지고 보이는 물질들과 바람처럼 만져지지도 보이지도 않지만 그래도 감각으로 알 수 있는 물질 같지도 않은 물질까지, 이 물질계에 존재하는 모든 것은 물질로 이루어져 있다.

우리의 몸 역시 물질로 되어 있고, 뇌 역시 그렇다.

그리고 그 뇌는 몸 안에 한정되어 있다. 그래서 뇌가 만드는 생각이 아무리 무한하게 보이더라도, 사실은 철저하게 이 물질계 안에서 일어나는 일만 이해할 수 있는 것이다.

만약에 뇌가 이승이 아닌 저승, 즉 물질계가 아닌 절대계를 이해한다면 이승과 저승, 물질계와 절대계가 따로 존재할 필요가 없어진다. 즉 이 세상이 없어지게 된다는 말이다.

철저하게 물질계 안에서 일어나는 일만 이해하도록 만들어진 그 뇌를 가지고 물질계가 아닌 절대계, 또는 비 물질계 또는 저승, 뭐라 부르든 그쪽의 뭔가를 이해하는 것은 원초적으로 안 되게 되어 있다. 그래서 앞의 모든 얘기들을 머리로 이해하려 들면 절대로 이해할 수가 없다. 마치 장님에게 빨강색을 설명하는 것과 같다.

장님이 눈을 떠서 빨강색을 직접 보는 것처럼 말로 확실히 설명할 수 있다면 좋겠지만, 그것은 인간의 언어로 표현할 길이 없다. 그래서 이 글을 읽으며 자꾸 머리로 분석하려 들면, 짜증이 나고 돌아버리게 될지도 모른다.

뭔가 있는 것 같기는 한데, 알 것 같기는 한데, 그게 뭔지 모르겠으니 뇌가 화나는 것이다.

생각으로는 아무것도 알아내지 못 한다. 하지만 당신은 모든 것을 알고 있고, 또 가지고 있다.

당신 가슴 속의 안테나, 그것을 꺼낼지 말지는 당신에게 달렸다.

하지만 다시 한 번 말하지만 꺼내려고 애쓰지 말기를.

다시 돌아가자. 우리는 물질계에서 몸을 버리고 비 물질계로 가는 순간, 너와 나의 구분이 없어지고 하나가 된다고 했다. 그러나 정확한 표현은 아니다.

우리의 몸처럼 물질로 되어 있는 것은 나눌 수가 있지만 영혼은 물질이 아니므로 나눌 수가 없다. 그래서 하나가 된다고 표현하긴 했지만, 하나이지만 하나가 아니다.

즉 영혼은 각각의 본성을 가지는 것이다.

여기서 말하는 영혼의 본성이란 이 세상에서 육신을 가지고 사는 인간의 본성과는 전혀 다르다. 인간의 본성이란 자기가 가지고 오는 운명을 따르기 위해 타고나 버리는 '업'이라 볼 수 있다. 히틀러는 우리 인간의 관점에서 볼 때 악한 본성을 타고났고, 테레사 수녀는 선한 본성을 타고났다고 보는 게 맞을 것이다.

인간의 본성은 이렇게 물리적인 어떤 일을 행하기 위해 거기에 적합한 성질을 가지는 것을 말하지만, 영혼의 본성은 이런 것과는 전혀 다르다. 마치 수백 개의 사과가 각기 다른 모양을 하고 있는 것과 같다고 하면 이해가 될 것이다. 좋고 나쁘고, 맞고 안 맞고, 예쁘고 안 예쁘고, 그런 어떤 형태나 성질, 그런 것과는 상관없이 그냥 다를 뿐이다.

그러면 이렇게 다른 영혼의 본성이 환생을 할 때나, 인간으로서의 삶에 영향을 미치는 일은 없을까? 일단 인간의 삶으로 오면, 영혼은 그 삶에 관여할 수 없다. 어떤 영향도 미치지 않고, 다만 바라보고, 거기에 따르는 희로애락을 체험하면서, 몸이라는 물질을 통해 실제로 알고자 할 뿐이다.

사랑하는 사람과의 헤어짐이 가슴 아프고 슬프다는 것을 알지만, 그것은 개념상으로 알 뿐이다. 실제로 부모, 아이, 형제, 또는 사랑하는 사람을 잃고 가슴을 쥐어뜯으며 울어 보는 것이다. 촛불에 손가락을 집어넣으면 뜨겁다는 것을 알지만, 그게 어떤 건지 느껴 보기 위해 실제로 불에 데어 뼈가 아리는 뜨거움을 느껴 보는 것이다.

몸이라는 물질을 통해 개념상의 앎을 실제로 체험해 보기 위해 이 세상에 머무는 것이다. 그래서 영혼은 몸이 어떤 행위를 하든 그것을 저지하지도 않고, 몸에게 어떤 행위를 하게 하지도 않는다.

그러나 환생을 할 때, 또는 어떤 역할로 올지를 결정할 때는 영성이 약간의 역할을 할 수도 있다. 네모난 돌과 둥근 돌을 경사진 곳에 놓으면 네모난 돌은 굴러내리지 않지만 둥근 돌은 굴러내린다. 열 번을 다시 놓아도 마찬가지다.

이처럼 서로 다른 영성이 환생을 할 때, 많은 역할이 내 앞에 있다면 그중 하나를 선택하게 되고, 또 다시 환생을 반복해도 영성에 따라 역시 비슷한 선택을 하게 된다. 물론 선택의 여지가 없을 때는 그냥 올 수도 있다. 언제나 굴러내리는 둥근 돌도 경사진 곳이 아닌 평평한 곳에 놓이면 구르지 않는 것이다.

각각의 영혼은 나름으로 다른 본성을 갖고 있다.
그것은 인간 세상의 인간이 가지는 본성과는 전혀 관계가 없다.
좋고 나쁘고, 옳고 그르고, 착하고 악하고, 그런 다름이 아니다.
그냥 다를 뿐이다.

왜 이렇게 사는 게 힘들까?

한 선각자가 말했다.

"인생은 고해(苦海)다."

선각자가 고해라고 했으면 '아, 고해구나!' 하고 살면 되는데, 우리는 자꾸 '왜'라고 묻게 된다.

모든 것은 신 안에 있으며, 신밖에 없다고 했다.

그렇다면 인생사 모든 것은 신의 뜻이라고 봐야 하는데, 왜 신은 이 세상을 고해로 만들었을까? 이왕이면 행복의 바다로 만들어서 너도 나도 모두 행복하면 훨씬 좋을 텐데 왜 그랬을까? 이렇게 될 줄 모르고 그런 것일까?

그 대답은 '아니다'이다.

우리가 신이라고 부를 수 있는 것이 있다면 그것은 모든 것을 다 합한 전체, 그것밖에 없다고 했다. 우리는 살아 있어도, 죽어 있어도 어차피 신 안에 있다. 그러니 우리가 죽어서 하는 모든 행위, 살아서 하는 모든 행위가 모두 신의 뜻이라고 볼 수밖에 없다.

신 안에 있으면서 신이 모르게 뭔가를 할 수가 있을까?

우리는 무슨 일이 생기면 신을 쳐다본다. 신의 탓을 하는 것이다.

이 세상을 고해로 만들어 놓은 것도 망할 신의 탓이다.

"신이시여, 왜 당신은 이 세상을 고해로 만들어 놓았습니까?

왜 편하고 행복이 가득한 세상으로 만들지 않고 이렇게 힘들게 만들어 놓았습니까? 대체 무슨 놀부 심보입니까? 설마 당신의 능력이 안 돼서 그랬다고는 하지 않겠지요?"

이 물음에 신은 펄쩍 뛰며 대답한다.

"나는 그러지 않았다. 너희들이 그렇게 한 것이다. 너희들의 본성이 그러하다."

인간들이 다시 딴지를 건다.

"무슨 말을 하십니까? 신도 오리발을 내밉니까?"

억울해 하는 신을 대신해 내가 설명을 해보겠다. 마치 이것과 같다.

사람들이 가장 아끼고 사랑하는 것이 무엇일까?

바로 자기 새끼들이다.

사람들은 자기 새끼들을 위해 온갖 장난감과 먹을 것, 필요한 모든 것을 가져다 놓는다. 그런데도 그런 좋은 것들을 다 제쳐두고 하필이면 촛불에다 손가락을 집어넣고는 죽으라고 운다. 이 촛불 역시 부모가 갖다 놓은 것이니, 손가락을 덴 것도 부모 탓이다.

"엄마 미워, 엄마가 촛불을 갖다 놓아서 내가 뎄어."

아이가 이렇게 말하면 당신은 뭐라고 대답할 것인가?

"얘야, 왜 많은 것 중에 하필이면 촛불을 만졌느냐."

그리 말하고 싶지 않은가? 그게 바로 신이 인간에게 하고 싶은 말이다.

나는 너희 인간들을 위해 모든 것을 거기다 두었다.

집도 두었고, 옷도 두었고, 먹을 것도 두었다, 돈도 거기다 두었다.

행복과 불행도, 기쁨과 슬픔도 두었다. 사랑도 미움도 두었다. 성공과 실패도 두었다. 칭찬도 원망도 두었다. 예쁜 것과 미운 것도 두었다.

생명을 창조할 씨앗도 거기에 두었으며, 죽음을 원할까봐 살인자도 옆에 두었다. 맛있는 음식도 두었고, 맛없는 음식도 두었다. 아름다운 꽃도 두었지만, 총칼도 옆에 두었다. 천사도 거기에 두었지만, 혹시 누군가는 악마를 원할까봐 악마도 거기에 두었다.

산도, 강도, 바다도, 나무도, 구름도, 노을도, 바람도, 비도, 불도, 거기에 두었다. 과일과 채소, 고기도 거기에 두었다. 한꺼번에 두면 상할까봐 산채로 놓아두었다.

너희들이 원하는 모든 것을 거기에 두었고, 또 없는 것을 원할까봐 모든 것을 만들 수 있는 씨앗과 만들 수 있는 방법을 너희들의 머릿속에 심어 놓았다. 전기? 원자폭탄? 그 씨앗을 내가 준비해 두었고, 그 방법을 내가 주었다.

나일론? 비닐? 뭘 원하든 그것은 거기에 있다. 형체가 없는 것을 원할까봐 너희들의 머릿속에 온갖 생각을 심어 놓았다. 무엇을 상상해도 그것은 너희들의 머릿속에 다 있다. 무섭고 싶은가? 그러면 너희들의 머릿속에서 귀신을 끄집어내라. 온갖 귀신을 다 집어넣어 두었으니 원하는 건 다 끄집어내면 된다.

형체가 있는 것이든 없는 것이든 무엇이든 모두 다 거기에 두었다. 그러니 이제 무엇을 가지고 놀지는 너희들이 결정해라.

세상이 왜 고해냐고?

너희들이 많은 것들 중에 괴로움, 슬픔, 힘드는 것을 가지고 놀기 때문이다. 나는 너희들에게 그런 것을 가지고 놀라고 권한 적이 없다. 다만 말리지 않았을 뿐이다.

높은 건물에서 뛰어내리고 싶은가? 그렇다면 그리 해라.

다만 다리가 부러졌다고 나를 원망하지는 말아라.

너희들이 물가에서 놀다가 물에 빠져도 나는 너희들을 물속에서 꺼내 줄 수 없다. 다만 너희들이 열심히 노력해서 머리를 물 밖으로 내밀었을 때, 숨쉴 수 있게 공기를 거기다 둘 뿐이다. 나는 거기까지다. 너희들이 하고자 노력하는 일에 대한 대가는 언제나 거기에 있다.

만약 열심히 머리를 물 밖으로 내밀었는데 거기에 공기가 없어 숨을 못 쉬게 된다면, 그것은 나의 잘못이다. 준비를 못한 내 탓이니

신을 욕하고 원망해라. 그러나 그런 일은 결코 없을 것이다. 내 안에는 없는 것이 없기 때문이다.

그런데도 늘 부족하고 없는 것투성이라고 말한다면 글쎄, 그 이유는 신인 나도 모르겠다.

여기까지가 신의 말이다.

그런데 신은 모르겠다고 했지만, 당신은 그 이유를 알고 있다.

지금 당신에게 눈을 감고 지나온 과거를 쭉 훑어보라고 한다면, 당신은 무엇을 기억할까? 거의 모든 사람이 재미보다는 감동을 기억할 것이다. 재미있고 즐거웠던 일보다는 슬펐던 일, 간절히 원하는데도 하지 못했던 일, 땅을 치며 안타까워했던 일, 사랑하는 사람의 죽음, 사랑하는 사람을 떠나보낸 일 등등, 그런 것들이 가슴에 남아 있을 것이다.

왜 즐겁고 좋았던 일은 남아 있지 않고, 슬프고 힘들고 괴로웠던 것만 남아 있을까? 감동은 재미와 즐거움에 있지 않고, 오히려 슬픔과 고난 속에 있기 때문이다. 지나온 인생에서 슬퍼하는 내 모습, 고난을 견디고 이겨내는 내 모습, 이별 앞에 울먹이는 내 모습, 바로 거기에 내 영혼이 감동하는 것이다. 가슴이 짠해지는 것이다.

감동적인 다큐멘터리는 재미있고 즐거운 삶을 보여주지 않는다. 힘든 하루하루를 눈물 글썽이며 살아가는 사람들을 보여준다. 그런 삶이 감동을 주기 때문이다.

어리석은 당신의 영혼은 신이 준비해 놓은 많은 장난감 중에서 재미보다는 감동을 집어 든다. 그것을 가지고 놀기로 결정하고 이 세상에 온다.

이 세상이 고해인 것은 망할 놈의 신 탓이 아니니다.

행복과 괴로움을 같이 놓아 둔 신은 죄가 없다.

하필이면 괴로움을 집어 드는 어리석은 당신의 영혼 탓이다.

'진리가 너희를 자유케 하리라'는 말의 의미

이 세상에는 많은 종교가 있고, 또 그 수만큼이나 많은 경전이 있다.

그러나 앞서 얘기했듯이 후세에 전해지는 과정에서 수많은 말들이 보태졌으며, 또 필요에 따라 의도적으로(그게 선의든 악의든) 많은 말들을 끼워 넣어져 종교의 경전은 갈수록 두꺼워지게 되었다. 그러다 보니 실제로 선각자들이 했던 진리의 말은 서서히 사라져 버리고, 중간에 끼워 넣은 말들이 더 많이 이용되고 회자되게 되었다.

그러나 그 와중에도 혜안을 가지고 살펴보면 그 사이에 숨어 있는 암호처럼 진리의 말을 발견할 수 있다. 이 말도 그중 하나다.

"진리가 너희를 자유케 하리라."

지금부터 선각자로부터 온 이 암호를 풀어 보도록 하겠다.

진리란 그것밖에 없는 것이다. 어떻게 하든 그것밖에 없고, 그렇게밖에 안 되는 것, 그렇게 될 수밖에 없는 것, 그것이 진리다.

진리에는 몇 가지가 있다.

사물에 대한 진리, 사람에 대한 진리, 그리고 이 모두를 넘어서는 대(大)진리가 그것이다.

우선 가장 쉽게 알 수 있는 것이 사람을 제외한 사물에 대한 진리다.

사물에 대한 진리는 아주 많다. 그것을 다 나열할 수는 없고, 그 중 하나를 예로 들겠다.

'물은 낮은 곳으로 흐른다.'

바로 이런 것이다. 너무 쉽고 너무 흔해서 아무도 귀 기울이지 않는 그런 것. 물은 이 세상 어떤 곳에 있더라도 흐르는 방향이 일정하다. 누가 물을 퍼 올리는 펌프로 물을 거꾸로 흐르게 할 수는 있다. 그러나 잠시뿐, 그 물은 다시 낮은 곳으로 흐른다. 무슨 짓을 하더라도 물을 거꾸로 흐르게 할 수는 없다. 진리를 거스를 수는 없다는 말이다.

다음이 사람에 대한 진리다.

'부모에게 효도해야 된다, 부부간에는 사랑해야 한다, 사람을 해치면 안 된다.'

어떤가? 위의 말들이 진리라고 한다면, 당신은 받아들이겠는가? 맞는 말 같기는 한데 '진리일까' 고개가 갸웃거려지는가? 이런 말 하면 대단히 화내는 사람도 있겠지만, 이런 말들은 진리와는 관계가 없다. 사람을 자유롭게 하는 게 아니라 오히려 구속하는 말이다.

"왜? 다 맞는 말인데."라고 반박할 수 있다. 그렇다, 맞는 말이다.

맞는 말이니까 그 말에 구속당한다. 틀린 말이라면 오히려 편하다. 무시해 버리면 되니까. 그런데 그 맞는 말이 마음대로 되던가? 어떤 사람은 그 말대로 하려고 애쓰는데, 상황이 그렇게 못 하도록 몰고 간다. 그래서 늘 화가 나고 전전긍긍하게 된다. 바로 그런 맞는 말들이 당신을 꽁꽁 묶어 미치게 만든다. 절대 자유롭게 해주지 않는다.

그런 말들이 진리라면, 우리는 아무리 싫어도 그렇게 되어야 한다.

하기 싫어도 부모에게 효도할 수밖에 없고, 사랑 안 하려고 해도 부부간에는 사랑해야 되고, 다른 사람을 해치려고 해도 해칠 수가 없어야 한다. 그래야 진리다. 무슨 수를 써도 결국은 그렇게밖에 안 되는 것이 진리라고 했다. 그런 말들이 진리인데, 나만 못하는 것 같아 죄책감을 느끼던 사람들은 지금 해방되기 바란다. 그런 말들이 진리가 아니므로 너도, 나도, 세상 사람들도 그렇게는 안 되게 되어 있다. 이것이 오히려 진리다.

한나라당 시절, 최병렬 당 대표가 단식 투쟁을 하던 자리에 김영삼 전 대통령이 위로 차 방문해서 한 말이 있다.

"니 굶으면 죽는데이~"

바로 이런 말이 진리다. 아주 쉽고 당연해서 바보 같은 말, 세 살 먹은 애가 들어도 고개를 끄덕이는 말, 그래서 아무도 진리라고 생각하지 않는 그런 말이다.

'쳇, 그게 무슨 진리야.'라고 생각하는 사람은 지금부터 굶어 보라. 죽는지 안 죽는지.

그러나 사람들은 좀 더 어려운, 좀 더 그럴듯한 진리를 찾는다. 바로 앞에서 얘기했던 맞는 말들이다. 그러나 여러분들이 찾아내고 만들어 낸 그런 진리를 진리로 생각하는 순간, 여러분들은 그 진리의 포로가 된다.

'진리가 너희를 자유케 하리라.'

'또한 진리가 아닌 것을 아닌 줄 아는 것도 너희를 자유케 하리라.'

위의 말을 이해하기 위해 예를 들어 보겠다.

성철 스님은 얼마 전 세상을 떠나면서 이런 말을 남겼다.

"산은 산이요, 물은 물이로다."

세간에서는 이 말에 깊은 뜻이 있을 것이라 짐작하고 열심히 그 뜻을 찾으려 했다. 그러나 유감스럽게도 그 말에는 어떤 숨겨진 비의도 없다. 그저 진리를 말한 것이다. 말 그대로 산은 산이고 물은 물일 뿐이다. 성철 스님은 왜 떠나면서 이런 말씀을 하셨을까?

성철 스님은 어느 순간 느낀 바가 있어 출가를 했다. 부부의 연도 끊고, 하나뿐인 딸에게 '불필'이란 이름을 붙이고 속세의 인연을 끊었다. 그리고 그 긴 시간 동안 장좌불와(長坐不臥), 눕지도 않고 자지도 않으며 목숨을 걸고 뭔가를 찾으려 했다. 세상을 떠나는 그날까지 수행의 끈을 놓지 않았던 성철 스님이 기어이 찾아 낸 것은 무엇이었을까?

그것은 하나밖에 없다, 진리!

누가 찾아도, 어떻게 찾아도, 어떤 기상천외한 방법을 동원해서 찾아도, 그것은 하나뿐이다. 부처도, 예수도, 마호메트도, 또 많은 성인들과 현자들도, 그리고 당신과 나처럼 평범한 사람들도, 마지막엔 결국 보게 되고 알게 되는 그것! 애쓰지 않아도 알게 되고, 아무리 싫어도 알게 되는 그것! 그것이 바로 진리다.

성철 스님은 머리를 깎고 승복을 갈아입은 순간, 나 아닌 다른 사람의 삶을 살아야겠다, 또는 나에게서 벗어나 보겠다고 생각했을지 모른다. 부부의 연도 끊고, 딸마저 외면하며, 그렇게 치열하게 자신과 싸웠지만 마지막에 본 것은 '그것도 나'라는 것이었다. 나에게서 단 한 발짝도 벗어나지 못했다는 걸 알았을 뿐이다.

나는 나일뿐 그 이상도 그 이하도 아니라는 진리를 본 것이다.

산은 산이요, 물은 물이로다.

이제까지 사물과 사람에 대한 진리를 말했다.

그런데 이런 것들과는 차원이 다른 '대(大)진리'라는 것이 있다.

머리를 싸매고 철학에 매달려 평생을 끙끙대며 찾으려 하는 그것, 죽을 때까지 수행을 하며 깨우치고자 하는 그것, 흔히 말하는 도를 깨우친다는 그것!

그리고 선각자가 말한 '진리가 너희를 자유케 하리라.'의 바로 그 진리!

이것이 앞에서도 쭉 말해 왔고, 앞으로도 쭉 말할 대진리라는 것이다. 대진리란 물질계와 비물질계, 이승과 저승을 모두 포함한 전체에 대한 진리를 말한다.

지금부터 5개의 대(大)진리를 설명해 보겠다.

대 진리의 첫 번째는 이 세상과 저 세상이, 삶과 죽음이, 신이라는 전체 존재 안에 같이 있다는 것이다. 예수, 부처, 마호메트, 또는 수많은 현자와 선각자들이 가장 알려주고 싶어 했던 진리가 이것이다.

사람은 육신이라는 물질을 버리고 죽는 순간, 모든 것이 끝나는 줄 알고 있다. 그러나 아니다. '나'는 없어지지 않는다. 없어지는 것은 다만 물질(몸)뿐이다. 사람은 전체 존재인 '신'이 없어지지 않는 한, 없어질 수가 없다. 아무리 간절히 원해도 없어질 수가 없다. 그게 진리이므로 그렇게밖에 안 된다.

진리란 그것밖에 없는 것, 그렇게밖에 안 되는 것이라고 했다. 내가 원한다고 해서 원하는 대로 된다면, 그것은 진리가 아니다. 없어지고 싶다고 해서 없어질 수 있다면 '신'이라는 전체 존재는 허구가 되고 만다. 내가 없어질 수 있다면 '신' 또한 없어질 수 있기 때문이다.

아버지 하느님과 나는 하나다, 누가 한 말인지 알 것이다. 바로 위에서 말한 진리에 근접한 말이다.

대진리의 두 번째는, 어떤 형태를 가졌건 모든 물질은 소멸된다는 것이다.

그 소멸되는 시간의 길고 짧음은 있을지라도, 결국은 소멸된다. 이 두 번째 진리가 있음으로써 모든 것은 순환을 하게 된다. 무엇이든 없어져야 새로운 것이 생긴다. 그래서 신은 모든 것이 저절로 순환되게 하기 위해, 모든 물질은 소멸될 수밖에 없다는 진리를 만들어 놓았다.

그리고 거기에 따라 사람에게도 수명을 주었다. 주었다기보다, 소멸될 수밖에 없는 육신을 가져야 이 세상에 올 수 있도록 만들어 놓았다. 바로 사람이 윤회하는 근거다. 우리가 끝없이 환생할 수 있도록 하기 위한 대진리가 바로 '물질은 결국에는 소멸한다.'는 것이다.

죽는다는 말로 표현되는 육신의 소멸을 두려워할 게 아니라 고마워해야 할 이유다.

만약 그렇지 않다면 한 번 이 세상에 태어나 버리면 다시는 돌아갈 수가 없게 된다. 영원히 살기 위해 불로초와 영약을 찾는 사람도 있지만, 정말로 죽지 못하고 영원히 돌아갈 수 없게 만들어 버리면 어떻게 될까? 꼭같은 삶을 끝없이 살게 만들어 버리면? 다시는 다른 삶을 살 수 없게 만들어 버리면? 미칠 수밖에!

더 억울한 것은 그렇게 미쳐도 못 죽는다는 것, 못 돌아간다는 것이다.

이 순환의 진리를 이해하지 못하면 죽음은 두려운 것이다. 이런 말을 하면 어떤 사람들은(주로 환생에 대해 부정적인 생각을 가지고 있고 그래서 죽음을 두려워하는 사람) '그래, 그러면 너부터 죽어 봐라.' 하고 십자가를 세울지 모른다.

한 선지자는 말했다. "주여, 저들은 자기가 무슨 짓을 하는지도 모르고 있나이다."

세 번째 대 진리는 물질계와 비 물질계, 인간계와 영혼계, 즉 전체 존재, 신의 유지 방법에 관한 것이다.

신은 물질계와 비 물질계로 나누어져 있다.

진리란 그것밖에 없는 것, 그렇게밖에 안 되는 것이라 했다. 물질계와 비 물질계가 나누어져 있는 게 진리라면, 그 두 계는 절대로 섞일 수가 없어야 한다. 그래야 진리다. 마음대로 왔다 갔다 하는 것을 나누어져 있다고 말할 수는 없지 않은가.

그렇다. 몸을 가진 인간은 어떤 방법을 동원하더라도 영혼계엔 갈 수가 없다. 간혹 숨이 끊어졌다 살아나면서 영혼계에 갔다 왔다거나, 거기서 누굴 만나고 왔다고 하는 사람을 본 적이 있을 것이다. 특히 일부 종교에 심취한 사람, 혹은 사이비 교주 등으로 불리는 사람들 중에는 자기 마음대로 영계에 갈 수 있다고 하는 사람도 있다.

자의든 타의든 뇌가 최면에 들어가면 뭐든지 가능하다. 안 보이는 것도 보이게 되고, 없는 것도 있게 되고, 귀신이라고 이름 지은 허상도 실제로 볼 수 있다. 그러나 진리는 그게 아니다. 사람의 몸을 가지고 있는 한 절대로 영계로 갈 수가 없다.

반대로 영혼계의 영혼들은 몸을 가지지 않으면 이 세상에 올 수가 없고 어떠한 영향도 미칠 수 없다. 그렇지 않으면 이 세상은 영혼들의 전쟁터가 된다. 자기의 후손들과 자기가 좋아했던 사람을 도우려 할 것이고, 반대로 미워하는 사람은 해치려 할 것이 뻔하다. 그리고 누군가에게 죽임을 당한 영혼은 자기를 해친 사람을 죽이려 들 것이다. 그래서야 이 세상이 유지가 되겠는가. 그래서 나누어 놓았다. 이 세상과 저 세상을.

아무튼 신은 당신이 아무리 기도해도 결코 당신의 소원을 들어주지 않는다. 신이 당신의 소원을 들어준다는 것은 모든 영혼들이 이 세상에 오는 것과 같다.

기어이 당신이 원하면, 다음에 이 세상에 올 때 당신이 원하는 모습으로 오게 해준다. 그게 진리를 지키고 유지하는 길이다.

대진리 중 네 번째는, 모든 영혼이 각자 저마다의 소명을 가지고 이 세상에 온다는 것이다.

앞에서 운명은 정해져 있다고 했다. 그리고 그 운명대로 살도록 거기에 맞는 '업'을 타고난다고 했다. 부모를 내 마음대로 고르지 못하는 것도 '업' 중의 하나다.

만약에 각자의 소명을 정해서 오지 않으면 인간 세상은 난장판이 되고, 신들의 전쟁터가 될 것이다. 그래서 우리는 모두 나름의 소명을 가지고 태어났으며, 소명대로 살아야 한다.

잘난 사람, 못난 사람, 편하게 살 사람, 힘들게 살 사람, 기타 여러 가지 형태의 소명이 있을 것이다. 그렇지 않다면 전부 잘나고 편하고 좋은 것만 하려고 할 것이다. 누가 힘들게 농사를 짓겠는가. 로또 맞아서 편하게 살지. 누가 가슴 아프게 이별을 하겠는가. 다 데리고 살지. 누가 장애자로 살겠는가. 잘난 육신 가지고 살지. 누가 힘없어 맞고 살겠는가. 두들겨 패고 살지.

이것이 모든 사람이 소명을 가지고 와야 하고, 그것이 진리일 수밖에 없는 이유다.

다섯 번째 대진리는 위의 모든 것을 다 합쳐 놓은 것이라 할 수 있다.

바로 순환의 진리다.

이것이야말로 신이라는 전체 존재를 유지하는 가장 근본이 되는 진리다. 모든 것은 끊임없이 순환한다. 순환하지 않는 것은 존재할 수가 없다.

물을 예로 들어 보겠다.

물은 진리에 따라 낮은 곳으로 흐른다. 땅속을 흐르든 땅 위를 흐르든, 어디를 어떻게 흐르든 낮은 곳으로 흘러 결국은 바다로 모이게 되어 있다. 바닷물은 수증기가 되어 하늘로 올라가 구름이 된다. 구름은 다시 비가 되어 대지로 내려오고, 또 다시 낮은 곳으로 흘러 바다로 모인다.

이런 순환이 끝없이, 끊임없이 반복된다. 그런데 어느 순간 이 순환이 멈추면 어떻게 될까? 낮은 곳으로 흘러 바다로 간 물이 다시 돌아오지 않으면? 한 번 난 나뭇잎이나 꽃잎이 떨어지지 않으면? 사람이 태어나기만 하고 죽지 않는다면?

굳이 설명하지 않아도 알 것이다. 물은 고인 채 썩을 것이고, 모든 생명은 하나도 살아남지 못할 것이다. 생물이든 무생물이든 모든 것은 순환하고 있다. 태양은 태양대로 돌고, 지구는 지구대로 돌고, 다른 별은 다른 별대로 돌고, 또 그것을 다 합쳐 놓은 은하계는 은하계대로 돈다.

인간을 비롯한 모든 생물, 무생물, 지구, 은하계 등등, 모든 물질계가 완전히 소멸되어 없어지기도 한다. 그리고 거기서부터, 아무것도 없는 무(無)로부터 먼지 한 알갱이가 생기고, 그것이 순환하면서 커지고, 커져서 무한에 가까운 크기가 되어 지탱할 수 없게 되면 스스로 폭발한다. 빅뱅이라는 것이다.

그래서 많은 별들이 생기고 태양이 생기고 지구가 생기고 사람이 생긴다. 이렇게 먼지 한 알갱이부터 모든 물질이 소멸되어 없어지기까지의 시간이 '일겁(一劫)'이다. 그러나 '일겁'이라는 무한의 시간이 걸리는 순환이 모래 한 알보다 하찮을 정도의 거대한 순환이 있으니, 바로 인간의 순환이다.

인간은 모든 물질이 생겼다 소멸되는 '일겁'이라는 긴 시간이 영원히 반복되는 '영겁(永劫)'의 시간을 순환(윤회)한다. 어디를 어떻게 순환하는가? 바로 '저승'과 '이승'이다.

몸이라는 물질을 가지고 이 세상에 왔다가, 몸이라는 물질을 버리고 영혼으로 돌아가는 순환을 계속하는 것이다. 오면 가야 하고, 가면 반드시 다시 와야 한다. 순환의 진리다. 이런 순환의 진리 속에서 우리는 영겁의 시간을 윤회해야 하고, 윤회할 수밖에 없다.

이 외에도 헤아릴 수 없이 많은 진리가 있고 우리의 삶, 하나하나가 다 진리이지만, 그것을 다 옮길 수는 없다. 여기 적은 몇 가지만 잘 이해해도 조금은 자유로워질 수 있을 것이다.

'진리가 너희를 자유케 하리라.'
'진리가 아닌 것을 아닌 줄 아는 것도 너희를 자유케 하리라.'

사람의 의지로 운명을 극복할 수 있을까?

옛말에 '정신일도 하사불성(精神一到 何事不成)'이라고 했다.
'지성(至誠)이면 감천(感天)'이란 말도 있다.
또 '하면 된다.'는 말도 있다.

반대로 '팔자 도망은 못 한다.'는 말이 있다.
'운명은 피할 수 없다.'는 말도 있다.
'모사재인(謀事在人)이요, 성사재천(成事在天)'이란 말도 있다.

위에서 예시한 말들은 서로 상반된다.
전자의 말들은 쉽게 말해 하려고 들면 못 할 일이 없다는 뜻이고, 후자의 말들은 아무리 해도 안 된다는 말이다.
여러분은 무엇이 맞다고 생각하는가?

앞에 종교가 편협한 이유를 설명하는 글에서 왼쪽도 맞고 오른쪽도 맞다, 이것도 맞고 저것도 맞다는 것이 진실이라 했으니, 양쪽 다 맞는 것 아닌가?

그렇다. 둘 다 맞다. 아주 작은 어떤 면에서는 그렇다.

전자의 말은 여기 물질 세상, 즉 물질적인 면에서 보면 맞는 말이다.

어떤 사람이 자장면을 먹어야겠다고 생각했다. 그런데 지금은 시간이 없어 못 먹는다. 또는 돈이 없어 못 먹는다. 그러나 그 사람이 자장면을 먹어야겠다는 생각을 버리지만 않는다면, 언젠가 먹게 될 것이다.

내 앞에 버티고 있는 저 산을 삽으로 퍼서 반대편으로 옮기고 싶다. 의지만 강하면, 포기하지만 않으면 옮길 수 있다. 내가 죽을 때까지 해도 다 못하면 아들에게 유언을 남겨 퍼내게 하면 가능한 일이다.

이러한 것들은 상대방의 동의가 필요 없는 일이다. 누구의 허락이나 간섭이 필요 없는 나만의 일이다. 이렇게 상대방이 없는 일은 아무리 힘들어도, 도저히 불가능해 보여도 하려고만 들면, 포기하지만 않으면 뭐든지 할 수 있고, 안 되는 일 따위는 없다.

그러나 아주 사소한 일, 아주 쉬운 일이라도 상대방이 있으면 문제가 달라진다.

눈에 보이는 물질에 관계된 일은 그나마 좀 쉽다. 상대방이 동의하지 않더라도 어떻게 해볼 방법을 찾을 수도 있다. 그러나 물질과 관련이 없는 문제들은 참으로 어렵다.

예컨대 누군가를 사랑하는 것, 미워하고 좋아하는 것들은 내가 하려고 해서 되는 일이 아니다. 나만 포기하지 않고 노력한다고 해서 되지를 않는다. 싫다는 걸 포기하지 않고 따라다니면 더 싫어질 뿐이다.

나를 좋아하는지, 싫어하는지 같은 것들은 그나마 알 수라도 있다. 우리가 있는지 없는지도 알지 못하는 영혼들끼리의 약속은 내 의지 따위와는 전혀 상관없이 흘러간다. 바로 운명이라고 이름 지어진 것이다.

어떤 영혼과 어떤 약속을 하고 왔는지조차 모르는데, 내 의지로 할 수 있는 일이 뭐가 있겠는가? 뭘 어떻게 해야 할지 모르는데 노력과 의지로 무엇을 할 수 있단 말인가? 내 아이가 병에 걸려 죽어가고 있는데, 우리는 뭘 할 수 있는가?

유감스럽게도 우리는 아무것도 할 수가 없다. 발만 동동 구르고 땅을 치며 눈 뻔히 뜨고 바라보는 것 외에는 할 수 있는 것이 없다. 하려고 하면 못 할 것이 없다고? 참으로 건방진 말이다.

성공하기 위해서는 자기가 하는 일에 미쳐야 한다고 한다. 맞는 말이다. 어떤 일에든 최고가 되고 일인자가 되기 위해서는 거기에 미쳐야 한다. 그러나 어떤 일에 미치고 싶다고 미쳐지지는 않는다. 내가 좋아하고 잘할 수 있는 일이 아니면 그게 죽어도 되지를 않는다. 노래를 좋아하고 춤을 좋아하는 사람은 아무리 그걸 못하게 말리고, 몽둥이를 휘두르며 책상 앞에 붙들어 앉혀 놓아도 소용이 없다. 몸만 책상에 앉아 머릿속으로 노래하고 춤추는 애한테 그게 무슨 소용이 있겠는가.

반대로 아무리 노래하고 춤추라고 등 떠밀어도 안 되는 애들도 있다. 다른 애들은 다 잘하는데 너는 왜 못 하냐, 노력하지 않아서 그렇지 하면 안 되는 게 어딨냐는 말은 하지 말라고 권하고 싶다. 해도 안 되는 거 많다. 당신이 못하고 있듯이.

그렇게 소명을 가지고 오고, 그렇게 '업'을 타고났으면, 아무리 말려도 그 길로 간다.

그런데 그런 '업'을 타고나지 않은 사람에게 강제로 다른 일을 시키면, 마지못해, 또는 가족을 부양하기 위해, 혹은 다른 이유로 그 일을 하기는 하지만, 그 사람은 평생을 끙끙대며 살아야 된다. 거의 대부분의 사람이라고 말해도 될 정도로 많은 사람들이 그렇게 산다.

하늘이 쳐 놓은 인연이라는 거미줄 때문이다.

이 세상의 인연이 엮어지기 전에는 '업'을 알 수가 없고, 알고 난 뒤에는 거미줄에 이미 철저히 엮어져 벗어나지 못한다. 거미줄에서 용기 있게 걸어 나간 사람, 우리가 우러러보는 성철 스님이다. 결국은 벗어난 게 아니었지만.

소명과 '업'으로 인해 사람은 세상을 살면서 아무리 애써도 안 되는 일이 많은 것이다. 다른 사람은 다 되는데 왜 나는 안 될까? 남들은 다 하는데 왜 나만 못 할까? 그런 생각 하지 말기 바란다. 다른 사람도 다 못 한다. 그 사람들도 안 되는 일투성이다.

왜 그럴까? 사람들은 내게 없는 것을 원하고, 내가 할 수 없는 것, 안 되는 것을 원하기 때문이다. 내게 없는 것, 내가 할 수 없는 것, 안 되는 것을 원하는데 그게 된다면 오히려 이상하지 않은가? 안 되는 일이 많다고 속상해 하지 말기 바란다. 원래 그런 것이니까.

사람이 자기 의지로 할 수 있는 것은, 의외로 많지가 않다.

빨강색 옷을 살까, 파랑색 옷을 살까, 그런 것들.

자장면을 먹을까, 짬뽕을 먹을까, 그런 것들.

이 화분을 여기에 놓을까, 저기에 놓을까, 그런 것들.

반대로 열심히 함에도 불구하고 안 되는 것이 많다.

우선 자기의 타고난 '업'을 벗어난 일을 하게 되면 의지에 반해, 노력에 비해 성취는 적다. 그래서 대부분의 사람들이 자기의 '업'에서 벗어난 일을 하며 힘들게, 슬퍼하며, 허우적거리면서 산다. 아주 소수의 사람을 제외한 대부분의 사람이 그렇게 살고 있다.

선각자가 '인생은 고해'라고 괜히 심심해서 한 말이 아니다.

인생살이가 고해라야 느끼는 게 많다. 그러면서 그 가운데 슬쩍슬쩍 즐거운 일, 기쁜 일을 끼워 놓았다. 그래야 즐거운 게 뭔지 알고, 기쁜 게 뭔지를 안다. 늘 즐거운 일, 기쁜 일만 있으면 그것은 이미 즐거운 일, 기쁜 일이 아니게 된다. 평생을 기쁨 속에 사는 사람은 평생 한 번도 기쁨을 느끼지 못하는 거나 마찬가지다.

그리고 또 하나, 나의 행위로 인해 다른 영혼의 역할을 바꾸거나, 왜곡하게 될 그런 일은 죽자고 노력해도 안 된다. 진리를 거스를 수는 없다고 말했다. 그렇게밖에 안 된다고 했다. 그리고 이 세상, 존재 전체를 유지하기 위해 우리가 가지고 온 소명을 바꿀 수도 없다.

필자 역시 이 말은 정말 하기 싫지만, 진리를 바로 아는 것이 좋은 말로 호도하는 것보다 낫다고 보기에, 굳이 말한다.

너무 애쓰지 말기 바란다.

안 되는 것은 안 되는 것이다.

살다 보면 가끔씩 울고 싶을 때가 있다

이 세상을 살다 보면 가끔씩 가슴 속에서 울컥 울컥 뭔가가 북받쳐오를 때가 있다.

이유도 알 수 없고 어디서 생겨나는지 알 수 없는 아련한 그리움이다. 어딘가에 내가 찾는 뭔가가 있을 것만 같아서 자꾸만 떠나고 싶어지고, 지금껏 잘 살아 오던 내 자리, 내 가족, 내 집, 내 삶이 문득 낯설게 느껴져 주위를 두리번거리며 '내가 왜 여기 있지?' 하는 이질감을 느끼기도 한다.

'때로는 내가 여기서 뭘 하고 있나?' 싶어 서글퍼져서 훌쩍거리기도 하고, 아무 이유 없이 갑자기 슬퍼져서 아무도 없는 곳에 숨어서 펑펑 울 때도 있다. 생전 처음 보는 사람이 아주 오랜 옛날부터 잘 알고 있던 사람처럼 친근감이 느껴지기도 하고, 분명히 처음 본 장소가 마치 옛날에 그 곳에서 살았던 것처럼 아주 익숙하게 느껴지기도 한다.

공연히 가슴이 설레어 가만히 있지를 못하고 서성거리기도 한다. 사람에 따라서 그 빈도나 느낌의 강도는 차이가 있을 수 있지만 살면서 누구나 이런 뭔가에 대한 그리움, 그것으로부터 멀어져 있다는 외로움을 느끼게 된다. 이런 현상의 정체는 무엇이고, 어디서부터 오는 것일까?

지금부터 우리 모두가 겪을 수밖에 없는 바로 그런 현상들에 대해 설명을 하겠다.

사람은 삼중의 존재로 '몸'과 '마음', 그리고 본래의 나인 '영혼'으로 이루어져 있다고 했다. 몸과 마음은 때가 되면 소멸되지만 영혼은 그렇지 않다. 신은 소멸되거나 없어질 수가 없다.

이 우주의 모든 물질이 없어지고 완전한 '무(無)'의 상태가 되더라도 그 '무' 또한 '신'의 한 부분일 뿐, 신은 존재를 계속한다. 그리고 신이 존재하는 한, 영혼 역시 존재할 수밖에 없다. 영원히 존재할 수밖에 없는 영혼이 할 수 있는 일은 오직 한 가지, 윤회하는 것이다.

이 물질 세상에 왔다가, 저 비 물질 세상으로 갔다가, 왔다가 갔다가, 또 왔다가 갔다가…….

돈 벌러 오기도 하고, 지지리 고생하러 오기도 하고, 사랑하러 오기도 하고, 사랑 받으러 오기도 하고, 사랑했던 영혼을 따라 오기도 하고, 미워했던 영혼을 따라 오기도 하고, 중요한 일을 하기 위해서도 오고, 아무 할 일 없이 쓸데없이 오기도 한다.

끝없이 끝없이 와야 한다면 와서 무슨 짓을 한들 이상할 게 없지 않을까? 이것도 해보고 저것도 해보고, 하다하다 할 게 없으면, 제일 높은 빌딩에 올라가 소리 한번 지르고 뛰어내리러 오는 영혼이 있다 해도 이상할 것이 없지 않겠는가?

이 끝없는 윤회의 과정 중에 우리가 이해하지 못하는 한 가지 비밀이 숨어 있다.

영혼은 올 때도 빈손, 빈 마음으로 오지만 갈 때도 빈손 빈 마음으로 간다는 것이다. 즉 이 세상에서 있었던 모든 일들을 다 잊고 간다. 기억이란 컴퓨터의 저장장치인 칩처럼 우리의 두뇌에 저장된 것들이다. 칩이 없어진 컴퓨터가 뭘 기억할 수 있을까? 당연히 아무것도 기억할 수 없고, 재생할 수 없다.

저 세상으로 갈 때는 내 몸이 없어지고, 몸의 한 부분인 뇌가 없어지고, 그 뇌에 새겨진 기억도 없어진다. 우리는 언제나 제로 상태로 왔다가 제로 상태로 갈 수밖에 없는 것이다. 빈손 빈 마음으로 왔다가, 빈손 빈 마음으로 가는 게 진리다. 누가 뭐라고 해도, 누가 믿든 안 믿든, 진리는 그것밖에 없는 것이다.

우리는 빈손으로 왔다가 빈손으로 간다.

이렇게 모든 걸 다 버리고 다 잊고 가는 게 변할 수 없는 진리이긴 하지만, 단 하나 우리가 모르는 사이 남는 게 있다. 뭐가 남을까?

기억? 미련? 후회? 그런 것이 남는다면 빈손으로 간다는 말은 진리가 아니다. 그러니 그런 것들이 아니고, 남는 것은 오직 하나 '습(習)'이다. 달리 표현할 말이 없어 필자가 임의로 '습'이라 부르는데, 바로 이런 것이다.

술이 잔뜩 취한 사람이 전혀 기억도 못하면서 집은 찾아오는 것.

기억을 전혀 못한다는 것은 머리(뇌)가 인식을 하지 못했다는 말이다. 흔히 무의식적으로 했다고 하는데 그 무의식이란 게 뭘까? 뇌가 작동하는 것이 의식적이라면, 무의식적이란 말은 뇌가 아닌 다른 곳에 뇌 대신 인식할 수 있는 기능이 있다는 얘기밖에 안 된다.

이것이 바로 '습'이다.

'습'이란 같은 행동을 반복함으로써, 또는 아주 강한 자극을 주는 행위 또는 상황에서 만들어지는 것인데, 여기엔 두 종류가 있다.

첫째가 몸과 마음에 남게 되는 '습'이다.

바로 우리가 습관이라 부르는 것으로, 같은 행동을 많이 반복함으로써 몸과 마음에 익숙해져 버린 그런 것들이다. 몇 가지만 예를 들어 보자.

기타를 처음 배우는 사람은 음 하나하나를 생각하며 연주해야 한다. 그러나 기타 치기를 반복함으로써 '습'이 자리를 잡으면 쳐다보지 않아도, 생각하지 않아도 저절로 손이 움직인다. 모든 악기와 모든 스포츠가 다 그렇다.

'거짓말도 자주 하면 는다, 도둑질도 자주 하면 는다'는 말을 들었을 것이다. 바로 이 '는다'는 말이 '습'이 자리를 잡는다는 뜻이다.

이런 것은 몸에 남는 '습'이다. 나쁜 짓이라고 정해 놓은 짓은 반복하지 말아야 한다. 그러지 않으면 '습'이 자리를 잡게 되고 당신의 의지와 상관없이 '습'이 저 혼자 움직이게 된다.

뿐만 아니라 이런 것도 '습'이라 할 수 있는데, 내 아이를 아주 사나운 사람으로 만들고 싶으면 갓난아기 때부터 손가락으로 쿡쿡 찌르고 수시로 괴롭히면 된다. 그 아이는 옆에 뭐가 다가오기만 하면 화부터 내는 '습'이 만들어진다.

나를 늘 괴롭히는 사람이 있다. 정말 총이라도 있으면 쏴 버리고 싶을 만큼 끔찍하게 싫은 사람인데, 그가 안경을 쓰고 있다. 그러면 자기도 모르게 안경 쓴 사람만 보면 화가 치미는 '습'이 생긴다. 허구한 날 안경 낀 사람에게 당하다 보니 자기도 모르게 그렇게 되는 것이다.

여러분의 주변에도 유심히 보면 그런 사람이 있을 것이다.

아무 이유 없이 키 작은 사람을 싫어하거나, 또는 키 큰 사람을 싫어하거나, 뚱뚱한 사람만 보면 질색하거나 마른 사람을 싫어하거나, 눈이 어떻게 생겨서 싫고, 코가 어떻게 생겨서 싫다거나 등등, 다른 사람들은 아무렇지도 않은데 유독 어떤 것을 지독하게 싫어하는 사람들이 있다. 이런 것들은 마음에 남는 '습' 때문이다.

위에 나열한 것들은 이 세상을 떠날 때 내 몸, 내 마음과 함께 없어지는 '습'이다,

그리고 우리가 '그런 것이 있구나.' 하고 짐작하는 '습'이다. 그런 뻔한 얘기라면 이렇게 길게 늘어놓을 이유가 없을 것이다. 이제 우

리가 전혀 짐작도 못 하는 '습'에 대해 얘기하려 한다.
바로 영혼에 남는 '습'이다.

우리는 이 세상에 올 때 몸과 마음뿐 아니라 영혼도 같이 온다.
영혼이 같이 있는 건 틀림없는데, 우리가 긴가민가하는 이유는 우리의 몸과 마음이 이 세상을 사는 동안 영혼이 전혀 영향력을 갖지 않기 때문이다. 그러나 영향력을 갖지 않는다고 해도, 몸과 마음이 세상에서 부대끼며 사는 동안 느끼는 그 느낌으로부터 자유로울 수는 없다. 그것을 같이 느끼기 때문이다. 그러려고 왔으니까.

우리는 이 세상을 살면서 머리가 아닌 가슴으로 느끼는 것이 많다.
정말 가슴 저미는 사랑, 정말 가슴이 미어지는 슬픔, 정말 가슴 아픈 이별, 정말 미칠 것 같은 그리움, 정말 가슴을 쿵쿵 치고 가는 인연들…….
그런 것들은 우리가 미처 알지 못 하는 사이에 영혼에 흔적을 남긴다. 영겁의 세월을 윤회하면서 영혼에게도 숱한 흔적이 남고, 그 흔적들은 '습'으로 쌓여 간다.

영겁의 세월을 윤회하며 우리는 얼마나 많은 사람을 사랑했을까? 얼마나 많은 그리움을 가졌을까? 얼마나 많은 이별을 했을까? 얼마나 많은 슬픔을 가졌으며, 얼마나 많은 인연들과 함께 했을까? 얼마나 많은 부모들이 나를 사랑했으며, 얼마나 많은 아이들을 키우고 사랑했을까?

윤회의 시간이 길어질수록, '습'들이 많아지고 그 흔적은 뚜렷해진다.

그리고 흔적이 뚜렷해질수록 그것이 찾아오는 횟수가 늘어난다.

이 세상을 사는 당신에게 직접적인 영향을 미치게 되는 것이다.

아무 이유 없이 울 때도 있고, 아무 이유 없이 누군가가 그리워 헤매기도 하고, 가끔은 '내가 왜 여기 있나?' 하고 두리번거리기도 하고, 처음 보는 사람에게 홀려 가족을 버리고 따라가고 싶기도 하다. 무작정 길을 가다 보면 그리운 사람을 만나게 되고, 그리운 어떤 장소에 닿게 될 것 같은 아련함, 그리고 그러지 못하는 자신에 대한 서러움, 이러한 모든 것들이 영혼에 남겨진 '습' 때문이다.

그런데 '습'이 너무 뚜렷해지면 거꾸로 이 세상이 꿈속 같아진다. 내가 사는 이 세상이, 현실이 오히려 꿈이 아닌지 착각하기도 한다. 영혼에 남겨진 흔적이 그리 많지 않을 때는 그리움, 외로움, 아련함이 아주 가끔 문득문득 찾아오지만, '습'이 많고 흔적이 뚜렷할 때는 그것이 수시로 찾아온다. 이렇게 많은 '습'이 쌓일 정도로 긴 시간을 윤회한 영혼은 그 '습' 때문에 세상살이가 순조롭지 못하다.

그래서 그 '습'을 지우는 과정이 필요하다. 바로 '해탈'의 길로 들어가야 한다.

해탈이란 불교에서 쓰는 용어로 윤회의 수레바퀴에서 벗어나는 걸 뜻한다. '습'이 많은 영혼은 그 '습'이 완전히 지워져 영혼 본래의 투명한 상태로 돌아올 때까지 영겁의 시간을 윤회에서 벗어나 해탈의 길로 들어간다. 영혼에 남아 있던 흔적들이 완전히 씻겨 나갈 때까지 윤회의 수레바퀴에서 벗어나 고요히 존재, 그 자체로 머물러 있는다.

물론 해탈의 길로 가든, 가지 않든, 그 영혼의 자유다.

'습'이 많아 훌쩍거리며 살든, '습'을 다 지우고 투명한 영혼으로 다시 와서 살든, 그 결정은 오직 그 영혼에게 달렸다. 그러나 '습'을 지우지 않고 윤회를 하는 것엔 한계가 있다. '습'이 너무 많이 쌓여 삶이 힘들어지고 영혼도 힘들어지면 쉬러 가게 된다.

모든 것이 다 지워질 때까지.

그렇게 해서 다시 돌아온 투명한 영혼은 신이나 영혼, 기타 심각한 문제 따위에는 전혀 관심이 없다. 다만 이 세상 모든 것이 재미있고 신기해서 바람만 불어도 깔깔거리며 즐겁게 산다. 주위를 잘 살펴보면 그런 사람(영혼)이 당신의 눈에도 보일 것이다.

그 사람은 이제 막 해탈에서 돌아온 어린 영혼이다.

인연의 굴레는 왜 그렇게 지독할까?

이 세상 모든 일은 내가 있음으로 해서 생긴다.

그러나 또한 나 때문에 생기는 일은 아무것도 없다.

사람은 윤회의 수레바퀴를 벗어날 수 없다. 잠시 해탈을 해서 쉴 수는 있다. 그러나 다시 윤회의 굴레로 걸어 들어 올 수밖에 없다. '신'은 순환을 함으로써 유지된다. 순환을 멈추는 순간 모든 것이 사라진다.

이 진리에 따라 사람은, 또는 신은(사람을 포함한, 물질과 비 물질을 망라한 전체를 말한다.) 영겁을 순환한다. 그러나 신은 아무 이유 없이 순환하기만 하는 것이 아니다. 스스로 자기 순환(앞으로는 '돌아간다'로 표현하겠다.)도 하지만 다른 모든 것과 엮어져 함께 돌아간다.

물은 바람의 힘을 빌어서 돌고, 또 그렇게 돌면서 모든 생명을 살린다. 마찬가지로 사람도 이승과 저승을 돌면서 그냥 왔다 갔다 하는 게 아니다. 나 스스로 희로애락의 모든 것을 체험하면서, 한편으로는 남을 도와 희로애락을 느끼게 해주는 역할도 해야 한다. 그런데 혹 어떤 영혼이 자기 체험에만 열중하고 남의 체험을 돕는 역할을 게을리하거나, 안 한다면 어떻게 될까?

영혼은 이기심이 없으니 그러지 않겠지만, 막상 인간의 탈을 쓰고 이 세상에 왔을 땐 물질 존재인 인간의 특성상 얼마든지 자기가 정해서 가지고 온 운명을 벗어던지고, 자기 좋을 대로, 자기 편한 대로, 이기적인 행동을 할 수 있는 것이다.

그래서 '신'은 또 하나의 그물로 인간을 엮어 놓았다. 절대 벗어날 수 없는 아주 끈끈한 그물을. 바로 인연의 굴레다.

사람은 부모의 몸을 빌어서 이 세상에 온다.

태어나면서부터 인연의 굴레에 엮이는 것이다.

무생물들은 부모의 몸을 빌어서 오지 않는다. 구름이, 돌이, 물이 부모의 몸을 빌어 태어나는 걸 본 적이 있는가? 그래서 그것들은 어디에도 얽매임이 없는 것이다.

사람은 어떨까? 굳이 부모의 몸을 빌지 않고는 올 수가 없을까?

따지고 들어가면 부모의 몸을 빌리기는 하지만 어차피 '무(無)'에서 온다. 어머니의 난자와 아버지의 정자가 만나 태아가 된다. 그렇다면 그 난자와 정자는 어디서 왔을까? 어머니와 아버지의 몸에 있기 전에는 어디에 있었을까? 결국 '없음'이 분명하고, 또 그 '없음'

에서 생겨나는 것 또한 분명하다.

그렇다면 인간은 굳이 부모의 몸을 빌리는 복잡한 과정을 거치지 않아도 생겨날 수 있다고 보는 것이 맞지 않겠는가?

절대로 그럴 수는 없다고 한다면, 아담과 이브라고 이름 붙여진 맨 처음 인간은 어디서 생겨났을까? 어떤 종교의 경전이 말하듯 흙에서 구워졌는가? 아니면 신이 있으라 함에 있게 되었는가? 어찌 되었든, 어떻게 생겨나게 되었든, 맨 처음 인간은 '없음'에서 오지 않았는가.

인간이 스스로 생겨나게 하지 않은 이유는 오직 하나, 인연의 굴레를 만들기 위함이다. 그래서 이 세상이 순조롭게 잘 돌아가게 만들기 위함이다.

이 인연의 굴레는 참으로 아름답기도 하지만, 참으로 무서운 것이기도 하다.

우리가 이 세상에 올 때도 인연을 따라 오지만, 온 후에도 계속 인연을 만들어 간다. 그게 자의든 타의든 우리는 틈만 나면 인연을 만들어 간다. 인연을 만든다는 게 무슨 뜻인가? 물질 존재인 인간의 입장에서는 '내 것을 만들어 가는 행위'라고 하는 것이 가장 근접한 설명이 될 것이다.

내 부모, 내 자식, 내 친구, 내 아내, 내 애인, 내 선배, 내 후배.
뿐만 아니라 내 학교, 내 직장, 내 나라, 내 동네, 내 집, 내 땅.
내 옷, 내 신발, 내 음식, 그리고 가장 중요하다고 생각하는 내 돈.

사람은 이렇게 끊임없이 인연에 닿는 모든 것을 내 것으로 만드는 행동을 계속한다. 그게 바로 우리의 삶이다.

그럼, 사람은 왜 이렇게 죽자고 인연을 만들어 가는 것일까?

그 이유는 신이 그렇게 만들어 놓았기 때문이다.

인연이 없이는 이 세상에 올 수도 없을뿐더러, 인연 없이는 이 세상에 살 수 없기 때문이다. 다시 말해 내 부모 없이는 이 세상에 올 수 없고, 내 돈이 없으면 이 세상에 살 수 없기 때문이다. 그렇다면 신은 왜 인연(내 것)이 없으면 살 수 없도록, 또 인연(내 것)에 집착하도록 만들었을까?

이 세상에 애착을 가지게 만드는 방법은 내 것을 만드는 것 외에는 없기 때문이다. 우리는 그 애착 때문에 숱한 고초를 겪으며, 남들이 보면 차라리 죽는 게 훨씬 나은 상황에서도 안 죽고(못 죽는다는 표현이 좋겠다.) 살아간다. 그래서 이 세상이 유지되는 것이다.

지금 이 순간에도 일 초에 수십 명이 죽어 가고 있고, 삼초에 한 명씩 어린 아이들이 죽어 가고 있다. 전쟁에 휘말려 아무 죄도 없는 사람들이 떼거지로 죽고 있고, 어떤 곳에서는 한 마을 사람 모두가 학살을 당하기도 한다. 그런 것을 보고 들으면서 우리는 뭘 느끼는가? 안타까움? 슬픔? 아니면 텔레비전에서 전쟁영화를 보듯이 그냥 그러려니 하고 있는가? 뭐가 되었든 우리는 그 많은 죽음 앞에서 참으로 태연하다. 왜일까? 이유는 간단하다. 남의 일이니까. 나랑 인연이 없는 사람이니까.

그러나 반대로 내 가족이 죽으면 어떨까?

그야말로 하늘이 무너지는 아픔을 느낀다. 말로만 듣던 뼈저린 슬픔이 뭔지 느끼게 된다. 이 세상 사람이 다 죽는 것보다 백 배 천 배 가슴이 에린다. 안타까움, 절망, 후회, 죄책감에 머리를 쥐어뜯고 가슴을 치며, 대신 죽어 주지 못한 것을 자책하고 평생 가슴에 박힌 못을 빼지 못해 숨을 쉴 때마다 아파하며 산다. 내 것이 죽었기 때문이다.

이 세상의 어떤 말로도, 인간이 완벽하다고 생각하는 그 어떤 언어로도 내 인연의 죽음을 지켜봐야 하는 슬픔을 표현하지는 못한다. 오직 직접 겪어 보아야만 느낄 수 있다. 그것은 정말 아프다. 내 자신의 죽음보다도 더.

왜 이 세상 사람이 다 죽어도 못 느끼는 슬픔을 내 인연 하나 보내고 느끼는 걸까? 남이 도둑을 맞거나 강도를 당하면, 살다 보면 그럴 수도 있다고 생각하지만 내 돈을 잃어 버리면 길길이 날뛴다. 내 것을 잃어 버렸기 때문이다. 지금도 아프리카 가난한 나라의 어린 아이들은 죽 한 그릇 못 먹고 굶어죽고 있지만, 그것이 우리의 가슴에 어떤 아픔을 남기지 않는다. 잠시 혀를 찰 뿐 그걸로 잊혀진다.

그런데 내 새끼가 굶으면 어떻게 되는가? 죽기 살기로 나선다.

왜? 내 인연이니까.

내 인연에 대한 애착은 무서울 정도로 강하다.

많은 사람들이 자기의 타고난 '업(하고 싶은 일, 하면 즐거운 일)'을 버리고 죽기보다 더 싫은 일을 하면서까지 내 인연을 버리지 못하고 죽을 때까지 끙끙댄다. 때로는 부모의 바람을 외면할 수 없어서, 때로는 아내 또는 자식들을 위해서 우리는 가고 싶은 길을 못 가고, 하고 싶은 일을 못 하고, 자신의 즐거움은 모두 다 포기한 채 그 무거운 짐을 지고 죽을 때까지 허덕거린다.

바로 거기서 희로애락이 다 생긴다. 모든 사람이 타고난 '업'을 잘 살려서 하고 싶은 일, 해서 즐거운 일만 한다면 세상은 즐겁고 행복한 삶만 가득할 것이다. 그러나 신은 그 꼴을 못 봐 준다. 신은 즐겁고 행복한 것은 물론 슬픔, 분노, 절망, 좌절, 안타까움, 미움, 질투 등등 우리가 싫어하는 것들도 똑같이 느끼기를 원한다. 그래서 신은 인간에게 빠져나갈 수 없는 인연의 굴레를 씌워 놓았다.

그러지 않으면 인간들은 그 싫어하는 것에서 걸어 나가 버리니까, 벗어나 버리니까. 내 아이가 아프면 내가 아픈 것보다 몇 배는 고통스럽다. 내 아이가 굶으면 내가 굶는 것보다 몇 배나 더 안타깝다. 만약 내 아이가 아니라면 어떨까?

눈앞에서 볼 때는 안타까워하겠지만 곧 거기서 걸어 나와 버린다, 벗어나 버린다. 그래서 신은 그렇게 할 수 없도록 '내 아이'라는 인연의 굴레를 씌워 놓은 것이다. 죽을 때까지 붙들고 끙끙대도록.

그것을 우리는 '운명'이라 이름 붙이고 그 길을 따라간다.

물론 그런 삶도 참으로 가치 있는 삶이긴 하다. 하지만 그건 신이 원하는 삶, 남들에게 보여주기 위한 삶이기도 하다. 어쩌면 진짜 내가 원하는 삶은 아닌 경우가 많다. 실제로 우리는 대부분의 삶을 남을 위해(여기서 '남'이라는 표현은 오직 나 자신을 제외한 모두를 말한다.) 산다.

만약 우리가 아무런 인연에 엮이지 않고 혼자만 산다면, 세상 사는 게 참으로 편할 것이다. 최소한 먹고살 것만 있으면 된다. 음악하고 싶은 사람은 음악 하고, 글 쓰고 싶은 사람은 글 쓰면 된다. 여행하고 싶으면 어디로든 떠나면 된다. 그러나 인연의 굴레에 엮여 있으면, 그런 것은 다 포기해야 한다.

앞에서 말한 자기가 진짜 좋아하는 일은 대부분 돈이 안 되는 경우가 많다.

내 부모가 굶고 있는데 글 쓴다고 앉아 있을 수 있는 사람이 몇이나 될까. 내 아이가 굶고 있는데 음악 한다고 다닐 수 있는 사람이 몇이나 될까. 가족들 버려두고 여행 갈 수 있는 사람이 몇이나 될까.

물론 아주 소수의 사람들은 자기가 가고 싶은 길을 간다.

무책임한 사람이라고 욕을 바가지로 먹게 되고, 가족들에게도 외면을 당하게 될 것이다. 아마 주위 사람들에게 버림을 받고, 혼자 살아야 하는 시련을 겪어야 될지도 모른다. 많은 예술가들이 혼자인 경우가 그 때문이다.

다행히 그 길로 성공하면 덜 억울하지만 그 확률은 지극히 낮다. 대부분 몇 년 해보다 안 되면 포기하고 돈 벌러 간다.

만약 나 혼자라면 굳이 돈벌이가 되지 않아도, 굳이 성공을 하지 못하더라도 그 일을 하면 된다. 돈 좀 못 벌어도, 성공 좀 못 해도, 내가 하고 싶은 일, 하면 즐거운 일을 하는데 더 이상 뭘 바라겠는가?

우리는 자기 자신이 원하는 삶을 살기 보다는, 인연을 위한 삶을 산다. 가끔은 거기서 벗어나고 싶지만, 인연의 굴레란 그렇게 쉽게 벗어날 수가 없는 것이다. 신이 그렇게 호락호락한 상대는 아니지 않은가. 그러나 우리는 죽을 때가 되면 '이게 아니었구나.' 하는 것을 깨닫는다. 왜 하필 죽을 때 깨달을까? 좀 일찍 깨달으면 훨씬 좋지 않을까?

맞다. 자기 자신만 놓고 본다면 당연히 훨씬 좋다. 그러나 그렇게는 안 되게 되어 있다. 죽는다는 것은 다른 말로 하면 내 모든 인연을 버리는 것이다. 즉 죽기 전에는 인연의 굴레에서 벗어 날 수 없어야 한다. 그래서 알 수도 없고, 안다고 해도 어쩔 수 없이 다시 같은 삶을 살아야 한다.

정말 죽음 앞에 서 본 사람은 이 세상이 부질없다는 것을 안다.

부모, 자식, 나 자신까지도 허상이라는 것을 안다.

그러나 죽음 앞에서 벗어나 다시 삶 속으로 돌아오면 어떻게 되는가? 깨달았으니까 다 버리고 혼자만의 기쁨을 찾아 살 수 있을까? 미안하지만 그렇게는 안 된다. 죽을 때는 내 모든 인연을 다 버리기 때문에 그게 되지만, 다시 삶으로 돌아왔다는 것은 인연의 굴레 속으로 들어왔다는 뜻이다. 그래서 알면서도 또 엮이는 거다.

'앎' 보다는 인연의 굴레가 더 지독하니까.

혹시 이 글을 읽다가 기운이 쑥 빠지는 사람이 있을지 모른다.

운명이나 인연의 굴레가 내 인생을 지배하고 내 마음대로 할 수 있는 것이 없다면 사는 이유가 뭔지 회의를 느끼게 되는 것이다.

그러나 다행스럽게도 우리가 사는 이 세상은 천만 가지의 변화를 일으키는 현상계다.

그 속에서도 얼마든지 재미있는 것을 찾을 수가 있다.

그래서 이 세상은 '살만한' 세상이다.

파이팅, 인간들이여.

이 세상을 움직이는 법칙이 있다

현상계라는 것이 뭘까? 왜 우리가 사는 세상을 현상계라고 하는가? 그 이유에 대해서 잠깐 언급하고 넘어가겠다.

'신'은 이 세상(물질계, 상대계, 현상계, 세 가지 모두 같은 말이다.)과 저 세상(절대계, 비 물질계)을 모두 포함한 전체를 말한다.

이 세상은 뭐가 되었든 물질이 아닌 것은 존재가 불가능하다. 당연히 귀신이니 유령이니 하는 비물질적인 것들은 존재가 불가능하다. 모든 것은 그 존재만큼의 공간을 차지하고 있다. 어떤 의미에선 공간 자체가 비어 있지만, 그 비어 있음도 물질의 일부이기 때문에 공간이 존재하는 것이다. 절대계는 그것마저도 성립되지 않는다. 그래서 이 세상은 물질계라 할 수 있다.

이 세상을 상대계라 부르는 이유는 서로 마주보는(반대되는) 것이 있어야만 존재 가능하기 때문이다. 예컨대 오른쪽이 있으면 왼쪽이 있고, 높은 것이 있으면 필연코 낮은 것이 있을 수밖에 없다. 앞이 있으면 뒤가 있어야 하고, 오르막이 있으면 내리막이 있어야 한다.

오른쪽이 없는 왼쪽만 있을 수 있는가? 앞이 없는 뒤가 있을 수 있는가? 그래서 상대계라 하는 것이다.

현상계라고 하는 것은 이 모든 것이 각기 나름의 상을 가지고 있기 때문이다.

그리고 그 각자의 상이 서로 어울려 돌아가며 천만 가지의 변화를 만들어 낸다. 아름다움도 만들고, 비참함도 만들고, 좋고 싫음도, 슬픔과 화남도, 희로애락과 기타 모든 감정도 만든다. 그런데 이런 것들은 사실 없는 것이다. 그럼에도 불구하고 우리는 이 모든 것들을 철저하게 느끼는데, 그 이유가 바로 현상계의 조화 때문이다.

물론 현자들은 이 모든 것이 허상임을 알고, 그 어떤 것에도 흔들리지 않았다. 부처의 눈앞에 끝없는 고통을 주는 지옥을 펼쳐 보이고, 온갖 미녀들이 교태를 부리며 유혹을 하고, 그의 부모와 아내, 아이들이 고통에 울부짖는 모습을 보여주었지만, 부처는 가만히 웃을 뿐이었다. 허상임을 아는 까닭이다.

현자들은 말한다, 눈앞의 현상에 집착하지 말라고.

현자들은 말한다, 마음을 비우라고.

현자들은 말한다, 눈앞에 보이는 모든 것을 죽이고 자신마저 죽이라고.

그러나 우리는 현자가 아니다. 현자의 삶을 살려고 이 세상에 온 게 아니다. 우리는 범인의 삶을 살기 위해 이 세상에 왔다. 그래서 이 현상계의 조화를 고스란히 온몸으로 받아내야 한다.

우선 인간의 운명은 정해져 있고, 거기서 벗어날 수 없다고 했다.

필자 역시 여러분과 마찬가지로 이 말에 대해서는 저항하고 싶고, 아니라고 말하고 싶다. 그러나 내가 아니라고 한다고 진리가 변하지는 않는다. 사람은 태어나는 순간부터 죽음을 향해 가야 한다. 저항한다고 벗어날 수는 없다. 마찬가지로 우리의 삶 역시 운명을 정해서 오고, 그 길을 가야 한다.

물고기로 타고난 이상 물속에서 살아야 한다. 타고난 '업'이다.

물고기는 자기가 물속에 산다는 것을 알지 못한다. 그러니 물속을 벗어나겠다는 생각 자체를 못한다. 어쩌다 우연히 생각한다고 해도 벗어날 방법을 알 수가 없다.

우리도 마찬가지다. '업' 속에 있는 줄을 모른다. 모르기 때문에 벗어날 생각을 안 한다. 자신의 '업'을 스스로 알게 되면 그 '업'을 좋은 쪽, 또는 이 세상의 삶이 편해지도록 바꾸게 될 것이다. 그렇게 되면 그 사람의 운명이 바뀌게 되고, 그게 원인이 되어 다른 사람의 운명도 비틀어진다. 그래서 안 되는 이유는 앞에서 설명했다.

그럼 이처럼 운명이 정해져 있다면 굳이 뭔가를 하려고 애쓰고 끙끙댈 필요가 있을까? 아무것도 안 하고 가만히 있어도 정해진 운명대로 갈 것 아닌가? 모르는 사람은 몰라서 그렇다 해도 운명을 피할 수 없다는 걸 잘 아는 사람들조차 아등바등 애쓰는 것은 왜일까? 그것은 모두 현상계의 조화 때문이다.

현상계의 첫 번째 특징은, 정해져 있지만 정해져 있지 않다는 것이다.

운명은 분명히 정해져 있다. 정확히 말해 스스로 정해서 온다. 그러나 현 시점에서는 그 운명이 어떻게 정해져 있는지 모른다. 결과가 나오기 전, 지금 시점에서는 한치 앞도 모른다는 것. 한치 앞도 안 보인다는 것. 그것이 바로 인생의 묘미다. 정해져 있지만 모른다는 것은, 정해져 있지 않은 것이나 마찬가지다. 죽음 앞에 서서 돌아보지 않는 한 모른다는 것. 정해져 있지만 정해져 있지 않은 것, 이것이 현상계의 첫 번째 조화다.

우리네 인생이 그렇다. 운명이 정해져 있지만 기를 쓰고 찍는다. 지나고 나서야 '그때 이걸 찍을 걸, 저걸 찍을 걸' 후회를 하면서 또 찍는다. 재미있지 않은가? 모르는 미래에 대해 찍는 것, 틀려도 찍고 또 찍고…….

'나의 운명이 이것일 것이다.' 하고 열심히 찍어 보기 바란다.

틀려도 또 찍으면 되니까, 웃으면서 열심히 찍자.

현상계의 두 번째 특징은 '시간'이 존재한다는 것이다.

절대계와 현상계의 확실한 차이, 그것은 바로 시간이라는 것이다.

물질세계에는 그 물질들이 존재하기 위한 공간이 필요하고, 그 공간이 있음으로 해서 공간 사이를 이동하는데 뭔가가 필요하게 된다. 그것을 우리는 '시간'이라는 말로 표현한다. 공간이 멀리 떨어져 있을수록 시간이 많이 필요하다. 그 시간이라는 것 때문에 절대계와는 달리 현상계에서는 '과거'와 '미래'라는 것이 만들어진다.

그래서 우리의 운명은 정해져 있지만 그것이 내 눈앞에 펼쳐지기 전에는 알 수 없는 것이다. 과거는 분명히 있다. 하루 전, 한 달 전, 일 년 전, 태어나서 지금까지 살아온 날들은 분명히 있다. 그러나 '어디에'라고 물으면 여러분은 뭐라고 대답할 것인가?

기억 속에? 뇌 속에? 뇌를 꺼내어 열어 보면 그 속에 과거가 들어 있는가? 그것은 있지만 어디에도 없다. 다만 환상 속에 존재할 뿐이다. 아직 오지 않은 미래처럼. 현상계의 조화란 이렇게 미묘한 것이다. 있지만 없다.

미래도 마찬가지다. 분명히 여러분들의 미래는 있다. 내일이 있고, 한 달 뒤, 일 년 뒤가 분명히 있다. 그러나 어디에? 미래 역시 있지만 없다. 참으로 묘하고 재미있지 않은가?

분명히 있지만, 없다.

현상계의 세 번째 특징은 물질(相)이 지배하는 세상이라는 것이다.

현상계는 물질이 지배하는 세상이라 변화가 없을 것이라 생각하면 큰 오산이다. 물론 물질 그 자체는 변화가 없을 수 있다. 산은 산이요, 물은 물일 수 있다. 그러나 그것은 상(相), 그 자체를 말할 때는 통용이 되지만, 근본에 있어서는 통용되지 않는다.

현상계는 그 모든 것을 있게 하는 근본, 즉 신의 한 부분이라고 했다.

신이 알고 있는 모든 물질의 개념을 실체화시켜 놓은 것이 여기 현상계다. 만질 수 있고 볼 수 있도록. 그에 반해 절대계는 변화가 없다. 하나뿐이다. 그냥 편안한 쉼. 어떠한 변화의 여지도 없는 그냥 편안함…….

그 변화 없는 편안함이 지겨워 우리는 환생이라는 이름으로 천만 가지의 모양들이 서로 엉켜 돌아가며 천만 가지의 변화를 만들어 내는 이 세상으로 온다.

신은 그 모든 것을 형상화시켜 놓으면서, 그 중에서 가장 기발한 형상을 하나 만들어 놓고 흐뭇하게 웃고 있다. 바로 자기 자신의 한 조각을 인간의 형상으로 만들어 놓은 것이다. 모든 개념을 물질화시켜 놓고 그 속에서 마음껏 뛰어놀게 신 자신도 물질로 형상화해서 온 것이다.

이 세상은 신의 놀이터다.

당신과, 나, 우리의 놀이터다.

가끔 넘어져 아프더라도 벌떡 일어나기 바란다. 현상계, 즉 상대계엔 반드시 반대되는 것이 있을 수밖에 없다고 했다. 당신이 늘 넘어지고 싶어도 그렇게는 안 된다. 넘어질 때가 있으면, 일어날 때도 있는 것. 그것이 이 현상계의 조화요, 진리다.

운명은 진리의 틀 안에서 만들어진다. 지지리 안 되다가도 될 때가 있다, 분명히.

그것이 개개인의 운명을 넘어선 전체(신)의 운명이다.

우리는 태어나는 순간부터 죽음을 향해 간다. 벗어날 수 없는 운명이다.

마찬가지로 당신의 인연, 삶, 모든 것은 정해져 있다. 미래의 운명은 있지만, 지금은 알 수 없다. 그래서 선택권은 당신에게 있다. 어떤 것을 찍을지는 당신의 자유다. 맞을지 틀릴지는 알 수가 없지만.

당신의 운명이 부산으로 가는 거라면, 부산으로 가는 방법은 당신 마음대로 선택해도 된다는 말이다. 기차로 가든, 버스로 가든, 걸어서 가든, 기어가든, 물구나무서서 가든 마음대로 해도 된다.

현상계의 천만 가지 변화가 전부 다 당신의 선택권 안에 있다. 당신은 다만 고르기만 하면 된다. 가장 좋아하는 것으로.

기어가는 것을 선택해 지지리 고생할 수도 있지만, 툭툭 털고 일어나 다시 고르면 된다. 그런데 대부분 그것뿐인 줄 알고 끙끙대며 끝까지 기어간다. 버리고 일어설 줄만 알면 세상은 조금 더 편해질 것이다. 어떤 걸 고르더라도, 몇 번을 다시 고르더라도, 부산을 가게 되는 운명이라면 결국은 부산에 가게 된다.

정해져 있지 않은 미래는 너무나 많은 경우의 수가 있어 찍는다는 게 황당하기조차 하다. 찍을 엄두가 나지 않을 때가 많다. 그래도 용기 내서 계속 선택해 나가기 바란다.

백 번 틀렸다면 백 한 번째 다시 찍고, 천 번 틀렸다면 천 한 번째를 다시 찍기 바란다. 엉터리 번호를 찍은 복권이라도 들고 있어야 그나마 희망이 있기 때문이다. 당신의 선택은, 그것이 잘못된 것일지라도 아주 소중한 것이다.

그것이 당신을 아프게 하고 울게 만들지라도…….

철학이란 신의 뜻을 알려는 노력이다

세상이 많이 좋아져 요즘은 굶는 사람이 거의 없다.

배가 부르니 철학은 고리타분한 소리밖에 안 된다. 머리 싸매고 끙끙대는 대신 그 시간에 할 수 있는 재밌는 소일거리가 주변에 널려 있다. 철학은 무슨, 책도 읽지 않는다는데…….

그러나 지나간 시절 한때는 인생에 회의를 느끼고 너도 나도 철학에 매달렸던 시절이 있었다. 가난하고, 못 배우고, 힘이 없어 권력과 돈에 착취당하고, 뼈 빠지게 일하면서도 세끼 밥을 못 먹던 그 시절, 돈 몇 푼에 양심을 팔고 몸을 팔던 시절. 시대를 한탄하고, 왜 이렇게 살아야 되는지 신을 원망하고, 아무것도 할 수 없는 자신의 무능함에 좌절하며, 살아야 되나 말아야 되나 머리를 쥐어뜯으며 고민하던 사람들이 많았고, 철학적인 사람들이 많았다.

그때 철학의 주제는 '왜 이렇게 살아야 하나?'였다.

그런데 요즘 사람들은 너무 많이 알고 너무 똑똑해져 있다.

철학 얘기가 나오면 요즘 사람들은 우선 '철학이 뭡니까?'를 묻는다. 이 물음에 대한 대답은 이미 여러 가지가 있다.

"그렇게 묻는 그것이 바로 철학이다."

"뭔가를 알고자 하는 그것이 바로 철학이다."

"인생이 뭔지를 고민하는 그것이 바로 철학이다." 등등.

위의 대답들이 틀렸다고 말할 수는 없지만 필자의 생각과는 많이 다르다.

예를 들어 설명해 보겠다.

어떤 사람이 360에 50을 더하면 얼마냐고 물었다.

현자는 410이라고 답했다. 과연 이것을 철학이라 할 수 있을까?

뭔가를 묻고 대답했으니 그것도 철학이라 할 수가 있을지 모르겠지만, 이것은 철학이라기보다 수학이다.

또 어떤 사람이 가슴이 답답하고 가끔 숨쉬기도 힘들 때가 있는데, 이것은 무엇이냐고 물었다. 현자는 심장이 좋지 않아 그렇다고 답했다. 이것을 철학이라 할 수가 있을까? 이것은 철학이라기보다는 의학이다.

이처럼 우리는 많은 것을 묻고 답하지만, 그것을 철학이라 말하기는 어렵다. 결과가 있고, 실체가 있고, 증명할 수 있는 것, 그런 것들은 철학이라고 할 수 없다. 그것은 지식이라고 해야 하지 않을까.

사람이 모르는 것에는 두 부류가 있다.

하나는 미지의 것이고, 또 하나는 불가지의 것이다.

바다 속에는 얼마나 많은 종류의 물고기가 살까?

딸꾹질이 계속 나는데 정확한 원인이 뭘까?

암이라는 돌연변이 세포는 왜 생기는 걸까?

바로 이런 것들을 미지의 것이라 할 수 있다. 지금은 모르지만 언젠가는 알게 되는 것, 과학이 발전하면 알게 되는 것들이다. 다시 말해 물질로서 존재하는 모든 것에 대한 의문은 그것이 무엇이든 미지의 것에 속한다.

그러나 불가지의 것은 전혀 다르다. 아무리 세월이 흘러도, 아무리 과학이 발전해도 결코 알 수 없고 증명할 수 없는 것들이다.

"신은 있는가?"

"영혼은 있는가?"

"죽음 뒤의 세상은 있는가, 있다면 어디에 있는가?"

"운명은? 인연은? 윤회는? 전생은?"

이런 것들은 아무리 시간이 흐르고 과학이 발전해도 결코 알 수 없고, 안다고 하더라도 결코 그것을 증명할 길이 없다. 바로 이런 것들이 불가지, 즉 아는 것이 불가능한 것이다.

굳이 철학이 뭐냐고 묻는다면 이렇게 답해줄 수 있다. 결과가 있고, 실체가 있으며, 증명이 가능한 미지의 것들은 철학이라고 할 수 없다. 그런 것들은 다만 지식일 뿐이다. 철학이란 우리가 결코 알 수 없으며, 증명할 수 없는 그런 것, 불가지의 것을 알고자 하는 것이다. 그래서 철학은 시작도 끝도 없으며 아무리 파고들어도 그 어떤 것도 캐낼 수가 없다.

철학이란 '신'을 규명하고자 함이다.

이 세상과 저 세상의 비밀을 알고자 함이다.

우리의 운명이 어떻게 정해지고, 어떻게 이렇게 살게 되는지 알고자 함이다.

나는 누군지, 또는 무엇인지 알고자 함이다.

영혼이 무엇인지 알고자 함이다.

모든 사물이 왜 생기는지, 왜 소멸하는지 알고자 함이다.

왜 하필 저 사람들이 내 부모이며, 내 아이인가를 알고자 함이다.

알아서는 안 되고, 알아 봐야 하등의 쓸모가 없는 신의 뜻을 알고자 함이다.

앞에 나열한 것들은 아무리 애써도 알 수가 없는 것들이다. 그저 모르고 사는 게 상책이다. 그런데 우리는 문득 문득 막연하게 이런 생각을 한다. 그래서 지금 세상에도 철학은 필요하고 현자는 있어야 한다. 단 한 사람이라도 진심으로 목말라 하면 물을 주어야 한다.

어떻게 하면 이런 이치들을 알 수 있을까?

명상을 하고, 소위 말하는 도를 닦으면 알게 될까? 종교에 매달려 열심히 기도하면 알게 될까? 아니다. 하늘의 이치를 그렇게 해서 알 수는 없다. 그것은 타고나야 한다. 하늘이 알게 해주지 않으면 노력으로 알 수가 없다.

현자의 운명을 타고난 사람은 우연히, 또는 필연적으로 깨달아 알게 된다.

부처처럼, 예수처럼, 또는 우리가 모르는 어느 현자들처럼…….

문득 눈을 떠 이 세상 모든 사물을 한꺼번에 보게 되고 알게 되는 것처럼, 문득 마음의 눈을 떠 하늘의 이치를 한번에 보게 되는 것이다.

그러나 우리는 현자가 아니다. 부처도 아니고 예수도 아니다.

그런데 저런 원초적인 의문에 목말라 하고 있다면 어떻게 해야 하는가? 그냥 마음의 눈을 뜨라고 말해 줘야 하는가? 불경을 읽고, 성경을 읽으라고 해야 하는가? 그런데 장님에게 빨강색 하나 설명할 수 없는 말을 가지고 무슨 수로 하늘의 이치를 설명하겠는가?

특히나 요즘 같이 물질이 신보다 더 존경받는 시대라면, 진리보다 영혼보다 신보다 만 원짜리 지폐 한 장이 더 좋은 시대라면, 깨달음은 오히려 짐이 될 뿐이다. 아무도 진리에 목말라 하지 않으니, 목마른 사람에게 나누어 줄 진리의 물을 한 바가지도 덜어 내지 못하고 죽을 때까지 짊어지고 갈 수밖에. 선각자들이 걸었던 고행의 길을 걸을 수밖에.

그들의 고통에 가슴이 아프다. 어깨에 짊어진 진리의 무게가 얼마나 무거웠을까.

철학이란 불가지의 것들에 대해 알고자 하는 노력이다.

또한 그것을 알려 주고자 입을 여는 현자들의 말에 귀 기울임이다.

실체는 무엇이고, 비 실체는 무엇인가?

우리는 이 세상에 살고 있다. 이승이라고도 하고 물질계라고도 하는 곳이다.

반대되는 곳은 저 세상이다. 저승, 비 물질계, 절대계라는 곳이다.

절대계의 '절대'는 무엇을 뜻하는 것일까?

우리는 흔히 말한다. 절대 아니다. 절대 그럴 리가 없다. 절대로 내가 하지 않았다. 우리가 흔히 쓰는 말 한마디도 따로 떼어 놓으면 그 말을 다시 한번 보게 되고, 왠지 다른 말처럼 느껴지지 않는가? 우리가 쓰고 있는 모든 말들은 나름의 깊은 의미를 가지고 있다. 그 말들의 깊은 의미를 찾고자 한마디 말을 붙들고 끙끙대는 게 불교에서 말하는 화두다.

단 한마디의 말에서 진정한 의미를 깨우친다면 모든 말의 의미를 깨우치게 된다. 그리고 모든 말의 의미를 깨우친다는 것은 이 세상의 이치를 안다는 것이고, 현자의 길에 들어온 것이다.

그 현자는 당신이 묻는 모든 말들의 의미를 말해 줄 수 있다.

다만 당신이 이해하지 못할 뿐.

'절대로'라는 말은 그것밖에 없다는 말이다. 그 말은 진리에 빗대어 써야 하는 말이다. 진리란 누가 무엇을 어떻게 하더라도 변하지 않는 것이라 했다. 그것밖에 없고, 그렇게밖에 안 되는 것, 절대로 다른 것은 없다.

절대계, 비 물질계, 거기에는 하나밖에 없음을 암시하는 것이다.

실체가 있는 것과 실체가 없는 것, 여기서 실체는 무엇을 말하는 것인가?

첫째는 형태가 있는 모든 것을 실체라 한다.

둘째는 형태가 있으나 정해져 있지 않아 언제나 변하는 것도 실체라 한다.

셋째는 형태가 없는 모든 것들도 실체라 한다.

첫 번째 형태가 있는 모든 것을 실체라 함은 당연하다. 누구나 다 이해하고 있으니 설명이 필요 없다.

둘째, 형태가 있으나 정해져 있지 않아 언제나 변하는 것. 이것 역시 누구나 알고 있다. 물, 불, 바람, 구름 등이 그것이다. 크게 보면 형체가 정해져 있는 모든 것도 이 범주에 들어간다. 시간이 흐르면 그것 역시 변하기 때문이다.

여기까지는 쉽다. 그러나 마지막 실체는 설명이 필요하다.

형태가 없는 모든 것에 속하는 것 중의 하나가 우주공간이다.

그것은 비어 있다. 공기조차 없고 아무것도 없는 그 빈 공간을 실체라고 할 수 있을까?

그렇다. 그것은 실체다. 왜 그것이 실체인지 말해주겠다.

그것이 존재하는 자리가 있기 때문이다.

'그것이 어디에 있는가? 저기에 있다.' 하고 있는 자리를 가리킬 수 있으면 그것은 실체다. 비어 있다 하더라도 그것의 자리가 있으면 있는 것이다. 그리고 그 빈자리에 무엇이든 넣을 수 있으면 그것은 실체다.

우주공간에 로켓을 쏘아 올리면 그 비어 있던 자리에 로켓이 들어간 것이다. 빈 공간이 아니고 로켓이 하나 들어 있는 공간이 되는 것이다. 비 실체라는 것은 그 자리마저 없는 것이다.

'어디에?'라는 것이 성립 안 되는 것이다.

저승으로 로켓을 쏘아 보낼 수 있는가? 안 된다고? 왜 안 될까?

'어디에?'라는 것이 성립 안 되기 때문이다.

이처럼 형체가 없는 것도 실체라는 것을 알아야 한다.

이런 것들은 형태가 없어도 실체라는 것을 쉽게 이해시킬 수 있는데, 실체이면서도 더 설명이 어려운 실체가 있다.

사랑, 미움, 분노, 슬픔, 기쁨 등 우리가 느끼는 모든 감정들을 실체라 할 수 있을까?

그것들은 형태도 없고, 존재하는 자리도 없고, 증명할 길도 없지 않는가?

그러나 아니다. 그럼에도 불구하고 그것들은 실체다. 그것들이 생기는 곳, 즉 그것들이 어디서 오는가 하는 것에서 해답을 찾아야 한다. 그것들은 우리의 뇌 세포가 만들어 내는 욕망에 다름 아니다. 그것들은 바로 우리 인간 존재에서 온다. 그리고 우리 인간의 존재는 실체다.

실체에서 오는 것이기 때문에 그것 역시 실체다. 그래서 신이나 영혼처럼 '있다 없다'의 논쟁을 하지 않는다. 실체이기 때문이다. 그러므로 이 세상에 존재하는 모든 것은 실체라 할 수 있다.

그것이 형태가 있든 없든, 존재하는 자리가 있든 없든, 그 모든 것을 막론하고 그것은 실체다.

그럼 비 실체는 무엇인가? 없는 것인가?

비 실체 역시 있다. 다만 다른 방법으로 있을 뿐이다.

신, 영혼, 저승 그런 것들은 비 실체다. 그렇다고 없는 것은 아니다. 다만 우리가 이해를 못할 뿐이다. 우선 비 실체는 물질이 아니다. 보이지도 않고 만져지지도 않는다. 또한 그것의 자리도 없다. 그렇다고 그것이 어디에서 오는 것도 아니다.

그래서 비 실체는 설명이 안 된다. 그렇다고 없는 것도 아니다. 그냥 있다.

참으로 미치고 환장할 노릇이다. 있기는 있는데 어디에 있다고도 못 하고, 어떤 형태로 존재한다고도 못 하고, 무엇으로부터 비롯되었다고도 못 한다. 그럼 없는 것 아닌가?

아니다. 있다.

모든 것들이 비 실체의 '없음'을 증명하지만 그럼에도 불구하고 그것은 있다. 어떤 말을 동원하고, 어떤 비유를 하고, 어떤 현자를 데리고 와도 비 실체에 대해 설명할 수가 없다. 신을 설명하거나 증명할 수 없고, 영혼을 설명하거나 증명할 수 없는 이유다.

귀신, 마귀, 사탄, 천사, 지옥, 천국 등 우리가 아는, 실체가 없는 많은 것들은 실체일까, 비 실체일까? 욕심과 욕망은? 죽기 전에 끊임없이 일어나는 많은 생각들은?

그 모든 것들은 실체다.

그것들은 모두 우리의 뇌가 만들어 내는 것이기 때문이다. 즉 그 모든 것이 실체로부터 오기 때문이다. 실체냐 아니냐를 구분하려면 그것의 출처를 살펴야 한다. 실체로부터 오거나, 실체로부터 생겨나거나, 실체에 의한 모든 것은 실체라 함이 맞다.

내가 있어야 존재하고, 내가 없으면 나와 같이 없어지기 때문이다.

지금의 내가 없어져도 존재하는 영혼, 신, 저승, 이런 것들과는 다른 이유다.

그러면 이것은 어떤가?

시간!

여러분 생각은 어떤가?

시간은 실체일까, 비 실체일까?

이 세상에 있으니 실체인 것 같다. 만약 자신 있게 실체가 아니라고 대답했다면 당신은 철학에 빠져도 될 정도로 분별력이 있는 사람이다.

그렇다. 시간은 실체가 아니다.

시간은 형태도 없고 장소도 없다. 그리고 그 어떤 실체로부터 오지도 않았다. 그럼에도 시간은 있지 않은가? 우리는 시간 속에 살지 않는가?

아니다. 착각이다. 처음부터 시간이라는 것은 없었다. 우리가 그것을 시간이라 부를 뿐이다. 마치 신을 신이라 이름 붙이고, 죽음 다음의 세상을 저승이라 이름 붙이고, 영혼을 영혼이라 부르듯…….

영혼을 영혼이라 부른다고 그것이 영혼이 있다는 증거는 되지 않는다. 저승을 저승이라 부른다고 그것이 저승이 있다는 증명이 되는가? 그렇다. 우리가 그것을 시간이라 부른다고 그것이 실체가 되지는 않는다. 그것은 비 실체다.

시간은 그냥 그 자리에 있다. 오지도 않고 가지도 않으며 그냥 있다. 다만 흘러가는 것은 우리다. 마치 기차를 타고 달리면 주위의 풍경이 뒤로 흘러가는 것처럼 보이지만 정작 흘러가는 것은 나 자신이듯이.

이제 '비 실체의 실체'를 이해했는지 모르겠다.

우리가 비 실체로 알고 있었던 많은 것들이 사실은 실체였다.

자, 그럼 '비 실체의 실체'와 '진짜 비 실체'를 어떻게 구분해야 할까? 아주 쉽게 구분이 된다. 바로 이런 것이다.

신이 '있다 없다' 논쟁은 끝없이 계속되지만 사랑이 '있다 없다' 논쟁은 하지 않는다. 어떤 것을 사랑이라 할 것인가에 대한 논쟁은 하지만 '있다 없다'의 논쟁은 하지 않는다. 왜일까?

신은 비 실체지만, 사랑은 실체이기 때문이다.

영혼은 비 실체라 '있다 없다' 논쟁을 하지만, 욕망은 '있다 없다' 논쟁하지 않는다. 욕망은 실체이기 때문이다. 저승은 '있다 없다' 논쟁을 하지만, 생각이 '있다 없다'는 논쟁하지 않는다.

모든 '비 실체의 실체'는 논쟁의 대상이 되지 않는다.

모두들 알고 있기 때문이다. 그것이 있다는 것을, 즉 그것이 실체라는 것을.

이제 쉽게 이해가 되었을 것이다. 비 실체처럼 보이지만 실체인 것과 비 실체의 차이를.

이제 비 실체처럼 보이는 실체와 진짜 비 실체를 왜 이렇게 열심히 설명했는지 말하겠다.

아주 중요한 비밀의 문을 여는 열쇠 하나를 주는 것이다.

저승은 비 실체의 것이다.

실체인 그 어떤 것도 존재할 수 없는 비 실체다. 잘 곱씹어 보면 저승이 어떤 곳인지 알게 될 것이다. 지옥, 귀신, 저승사자, 염라대왕, 옥황상제, 또한 두려움, 무서움, 추위, 뜨거움 등등, 당신의 뇌가 만들어 낸 어떤 실체도 저승에는 없다.

저승은 다만 그냥 있는 것만 있는 비 실체의 세상이다.

당신의 생각마저 존재하지 않고, 어떠한 욕망과 욕구도 존재하지 않는다.

생각, 욕망, 욕구, 감정 등등, 어디에나 존재할 것처럼 보이는, 비 실체처럼 보이는 실체들을 제거하고 나면 저승에는 무엇이 남을까? 아무것도 남는 게 없다.

당신의 가슴만 남을 뿐이다.

가슴속에 있는 그 무엇, 아주 희미한, 아주 아련한, 그래서 그 정체를 알 수 없는 그 무엇을 향한 그리움, 이승 저승 가리지 않고 자꾸 어디론가 가게 만드는 그것…….

윤회를 계속하게 만드는 신의 본성이라고 해야 할 그 무엇, 오직 그것만이 남을 뿐이다. 우리가 영혼이라 부르는 본래의 나, 참나, 그냥 있는 비 실체로서의 나, 그것만이 존재할 뿐이다.

당신은 그냥 존재의 바다에 존재 그 자체로 편안히 있을 뿐이다.

저승은 당신이 그냥 존재하기만 하는 그런 곳일 뿐, 그 이상도 그 이하도 아니다.

오직 그냥 있을 뿐이다.

내 속에 내가 너무도 많아

‘가시나무새’라는 노래에 나오는 구절이다.

‘내 속에 내가 너무도 많아 당신이 쉴 곳 없네.’

가끔은 이런 생각을 하는 사람이 있을 것이다.

과연 내 속에는 또 다른 내가 있을까? 지금의 내가 아닌 또 다른 내가.

이 의문에 대한 대답은 ‘있다.’이다.

지금의 내가 아닌 또 다른 자아가 있다는 말이다. 그러나 여기엔 아주 착각하기 쉬운 것이 있는데, 바로 귀신이 들렸다, 또는 빙의 현상이라 말하는 그런 것들이다. 그러나 그런 것은 내 자아가 아니다. 앞에서 설명했듯이 빙의 현상이란 순전히 뇌의 착각이다.

정확히 말하면 내 영혼과는 무관하다는 말이다. 위에서 '또 다른 내가 있다'고 말한 것은 뇌가 착각에 의해 심어진 정보를 실행에 옮겨, 내가 아닌 다른 사람처럼 행동하게 만드는 그런 것과는 전혀 다르다.

예컨대 귀신을 본다든가, 어린아이나 노인의 흉내를 낸다거나, 점쟁이나 무당들이 흔히 말하는 귀신 들린 행동을 하는 경우가 많은데, 단언하건데 그런 것들은 결코 내 자아와 관계가 없다. 또 다른 내가 아니라는 말이다.

그럼 본래의 나, 참 모습의 나, 내 영혼이 또 있다는 말인가?

어디에? 어떤 모습으로?

이렇게 생각하는 순간, 엉뚱한 길로 빠지게 된다. 또 다른 내가 내 속에 내재해 있는 것은 맞다. 그런데 그걸 '하나 더 있다.'로 해석하면 전혀 엉뚱한 방향으로 가 버린다.

앞의 글들을 마음으로 읽었다면 여러분들은 이미 답을 알 것이다.

영혼은 영원히 없어질 수 없고, 전체 존재는 이 세상과 저 세상, 두 개의 서로 다른 체계로 나누어져 있다고 했다.

편안한 쉼이 전부인 그곳, 잠시도 가만히 있지 못하게 정신없이 뺑뺑이를 돌아야 하는 이곳, 그 두 곳을 우리는 윤회라는 이름으로 끝없이 순환한다. 열심히 놀다가 지치면 가서 쉬고, 지겨워지면 또 와서 놀고. 혼자 와서도 놀고, 여럿이 같이 와서도 놀고. 따라와서 놀기도 하고, 데리고 와서 놀기도 하고…….

영혼은 그 어떠한 것으로부터도 간섭 받지 않는 완전한 자유를 가진다. 무한히 자유로운 존재, 그것이 영혼의 정체다.

오고 가는 것도 자유, 와서 어떻게 놀다 갈지도 자유, 언제 와서 언제 갈지도 자유, 오기 싫으면 안 와도 되는 것도 자유…….

그러나 단 하나, 자유롭지 못한 것이 있다.

영겁의 세월을 윤회하면서 거기서 쌓이는 기억으로부터는 자유롭지 못하다.

영혼은 긴 시간을 윤회하면서 흔적이 남고, 알게 모르게 '습'이 쌓인다.

그러나 대부분의 '습'은 뚜렷하지 않고 희미하다. 그래서 우리는 이유를 알 수 없는 막연한 그리움, 막연한 슬픔, 막연한 외로움을 느끼고, 어딘지 모를 곳으로 뭔가를 찾으러 떠나고 싶어 하는 방랑의 기질을 가진다.

여행이 인간의 욕구를 풀어 주는 효과적인 수단 중의 하나인 이유이다. 그리고 인간이 끊임없이 바람을 피는 이유이기도 하다. 지금의 아내나 남편이 아닌, 수많은 윤회의 과정에서 같이 살았던 그 많은 인연들을 은연중에 찾아다니는 것이다.

모두들 막연하게나마 내 속에 또 다른 내가 있음을 짐작으로 알고 있다. 다만 확신이 없고 증명할 길이 없어 긴가민가할 뿐이다. 그런데 가끔은 이 '습'이 뚜렷한 모습으로 우리 앞에 나타날 때가 있다. 두 가지 경우다.

첫 번째 경우는 소위 말하는 다중인격 현상이다.

다중인격이란 한 사람 안에 여러 개의 인격체가 존재하는 현상인데, 이를 귀신이 들려 헛소리 하는 현상과 혼동하기도 한다. 하지만 이 둘은, 전혀 다르다. 그렇다고 정신병의 일환으로 보는 것도 잘못된 것이다. 이것은 엄연히 내 자아가 가지고 있는 또 다른 기억, '습'의 한 조각이다.

'습'에서 나오는 또 다른 내 자아는 대부분 현재의 모습과는 전혀 다르다. 한 번도 가 본 적 없고, 들어 본 적 없는 나라의 말을 하기도 하고, 남자 속에서 여자가 나오기도 하고, 늙은이 속에서 젊은이가 나올 수도 있다. 영겁의 시간을 윤회했으니, 안 해본 것이 있겠는가?

많은 사람이 알게 모르게 전생의 '습'을 잠깐잠깐 드러내는 경우가 많다.

"그때 뭐가 씌었나봐. 왜 그랬나 몰라. 내가 어떻게 했는지 기억도 없어."

이런 말을 들어 본 적이 있을 것이다. 대부분 '웃기고 있네, 거짓말하고 있네.'라고 반응하겠지만, 실제로 또 다른 내가 잠깐 나를 대신한 것이라면, 그 사람은 진짜 영문을 몰라 황당해 하게 된다. 그러나 이렇게 잠깐씩 나오는 '습'은 대부분 모르고 지나간다.

하지만 이 '습'이 또 다른 인격으로 완전히 자리 잡아 버리는 경우도 있다. 그럴 경우에는 한 사람 속에 전혀 다른 두 사람, 혹은 여러 사람이 자리 잡고 그때그때 상황에 따라서 여러 인격들이 교대로 들락날락한다.

정신병도 아니고, 귀신이 씐 것도 아니다. 그것은 모두 내 자아이며, 내 전생이며, 내 영혼의 기억이다. 바로 '습'이다. 또 다른 나인 것이다.

같은 나라에 살았던 경우보다 다른 나라에서 살았을 확률이 높으므로, 심지어 현재 지구상에 있지도 않은 나라의 기억일 수도 있으므로, 그들은 알지도 못하고 배운 적도 없는 다른 나라 말들을 자유롭게 구사한다. 그리고 지금의 삶과는 전혀 관계없는 전문지식들을 아주 잘 알고 있다. 남녀를 왔다 갔다 하며 살았을 확률이 높으므로, 남자와 여자의 인격이 혼재해 있다.

이것이 바로 과학으로는 설명할 수 없는 다중인격의 정체다.

한 가지 덧붙여 설명할 것이 있다.

뇌가 착각해서 만들어낸 것들과 영혼의 '습'이 만들어 낸 것은 확실히 구분하는 게 좋고, 또 확실히 구분할 방법이 있다.

전자는 '또 다른 나'가 어떤 행위를 하더라도 '진짜의 나'가 그것을 보고 있다. 가짜가 하는 행위를 알고 있다는 말이다. 그러나 후자는 하나의 참나가 교대로 행위를 하기 때문에, 또 다른 자아가 한 행위에 대해서 전혀 기억이 없고 인식을 못 한다.

만약에 어렴풋하게라도 기억이 나면 그것은 '습'에서 온 것이 아니다. 진정한 다중인격이 아니라 연기를 하는 것이다.

그 차이는 명확하다. 영혼은 두뇌가 속일 수 있는 상대가 아니기 때문이다.

'습'이 우리에게 명확하게 모습을 드러내는 두 번째 경우.

바로 창작, 창조, 발명 등 '창의력'에 대한 것이다.

창조의 능력이 머리에서 비롯된 것으로 오해를 하는데, 절대 아니다. 두뇌가 할 수 있는 일은 지식을 익혀서 그 지식을 활용해 한 발 더 발전시키는 것이다. 그러나 절대로 무에서 유를 창조하지 못한다. 두뇌는 컴퓨터 칩과 같다. 컴퓨터 칩에 많은 지식을 집어넣었다고, 그 칩에 창조의 능력이 생기지 않는다.

무에서 유를 창조하는 것은 오직 영혼만이 할 수 있다.

처음 생겨난 인류는 짐승과 별 차이가 없었다.

오죽하면 원숭이에서 진화되었다는 학설이 나왔겠는가.

그런데 다른 짐승들은 전부 진화하지 못 했는데, 왜 유독 인간만이 빠른 속도로 진화한 걸까? 왜 유독 인간만이 문자가 있고, 언어가 있는 것일까? 모든 짐승들이 불을 두려워하고 도망가는데 어째서 인간만은 그 불을 이용할 생각을 했을까? 인간은 어떻게 전기를 만들어 쓸 생각을 했을까?

글을 만들고, 언어를 만든 것이 우연이라고? 천만의 말씀이다.

비닐이나 플라스틱, 핵 등 우리 인류의 삶에 획기적인 발전을, 또는 끔찍한 해악을 가져 온 그런 발명이나 발견들, 그리고 수많은 창조물들이 앞으로도 계속 쏟아져 나올 것이다. 결국 마지막에 가서는 그런 것들이 인류를 멸망시키고 한 세상을 끝내는 결과를 가져오게 되겠지만, 그런 모든 것들은 두뇌에서 나오는 게 아니다.

다만 우리의 영혼 속에 있는 '습'의 한 부분을 기억해 낸 것일 뿐이다.

신은 모든 것을 다 안다고 했다. 순환의 이치, 진리, 그런 것뿐 아니라 모든 지식까지 다 가지고 있다. 뭐든지 다 알고 있고, 뭐든지 다 가능한 그것, 그것이 바로 당신의 정체다.

한 개의 세상이 만들어지고, 거기서 인류가 탄생하면 영혼은 윤회를 시작한다.

그리고 필요하면 그게 뭐든지 기억해 내, 진화와 발전을 하게 된다. 창조는 두뇌가 아닌 영혼의 몫이다.

당신 안에는 당신이 모르는 많은 사람이 있다. 많은 사람이 있다기보다는 많은 전생의 또 다른 내가 있다. 가끔 그들이 그리워 울기도 하고, 영혼의 기억으로 혼란스럽기도 하지만, 그것 또한 소중한 당신의 것이다.

그것 때문에 세상살이가 힘들어 허덕인다면, 합장하고 말씀 드린다.

'해탈하십시오.'

개똥밭을 굴러도 이승이 좋다?

어느 현자가 말했다,
개똥밭을 굴러도 이승이 좋다고.

우선 지금까지 이글을 쭉 읽어온 사람이라면 이제 저승이 있다 없다는 논쟁할 필요가 없음을 알았을 것이다. 우리가 죽으면 가는 세상, 우리가 죽으면 겪어야 되는 그것, 굳이 그런 것이 없다고 믿고 싶으면 그리하면 된다.

싫어도 나중에 자연히 알게 될 것이고, 당신이 안 믿는다고 저승이 없어지지도 않는다.

당신이 믿고 안 믿고는 상관없이 저승은 있는 것이다. 없다면 이승이니 저승이니 같은 말이 생기지도 않았을 것이고, 우리 모두가 그런 말을 입에 올리지도 않았을 것이다. 믿지 않을 뿐이지, 우리 모두는 알고 있다. 저승이 있다는 것을.

우리가 죽은 다음의 저승은 어떤 것일까?

앞에서 충분히 설명해서 알고 있겠지만 저승은 개념상으로만 존재하는 그런 곳이다.

개념상으로만 존재한다? 무슨 소린지 알 듯 모를 듯 애매모호하다.

그래서 이해할 수 있도록 설명을 해보겠다.

여기 한 사람이 있다.

그의 소원은 딱 하나뿐이다.

어려서 죽은 아들을 한 번만이라도 좋으니 다시 보는 것이다.

어린 아들이 죽을병에 걸려 고통에 몸부림치며 죽어갈 때, 그는 아들을 위해 아무것도 해주지도 못하고 눈 뻔히 뜨고 아들을 보냈다. 그 사람은 눈만 뜨면 아들을 구하지 못한 죄책감에 시달렸다.

의사가 아들을 구해 줄 거라는 헛된 믿음에 중환자실 문 앞에 매달려 들여다보기만 했던 자신의 어리석음이 너무 싫어서 죽고 싶었다.

왜 어린 아들이 혼자 거기서 죽을 때까지 처박아 두었던가.

왜 어린 아들을 업고 전국을 돌며 고쳐줄 사람을 찾아다니지 않았을까.

왜 아빠가 옆에서 지키고 있다고 귀에다 속삭여 주지 않았을까.

그랬으면 어린 아들은 삶의 끈을 놓지 않고 살지 않았을까.

어린 아들이 고통에 시달리며 죽어 가는데 어떻게 자신은 밥을 먹고, 잠을 잘 생각을 했을까.

살 수 있는 아들을 죽인 것 같아 따라 죽고 싶기만 했다. 바람만 불어도 그 바람 속에 아들과 있고 싶고, 구름만 봐도 아들과 같이 저 구름을 보고 싶었다.

지나가는 여자아이를 보면 우리 아들도 저런 여자 친구가 있었을 텐데, 남자아이를 보면 우리 아들도 저런 친구들이 있었을 텐데. 저 아이는 우리 아들이랑 코가 닮았네, 저 아이는 우리 아들처럼 키가 크네.

TV를 봐도, 책을 봐도, 사람을 봐도, 이 세상 모든 것이 아들과 관련되지 않은 것이 없고, 이 세상 모든 것이 아들을 생각나게 하지 않는 것이 없다.

그래서 그 사람은 자신의 생명을 버리고, 저승으로 아들을 만나러 갔다.

과연 그 사람은 그렇게 보고 싶던 아들을 만났을까?

죽어서 저승으로 가면 사랑하던 사람, 보고 싶던 사람을 만날 수 있을까?

한 마디로 대답하면 '그렇다. 만날 수 있다.'이다.

그러나 만질 수가 없다, 볼 수도 없다, 다만 만나기만 할 뿐이다.

도대체 무슨 소린지 알 수가 없다고 하겠지만 설명하는 나도 답답하기는 마찬가지다. 한마디로 쉽게 알아듣도록 말할 수 있으면 얼마나 좋을까. 만날 수 있는데 만질 수도 볼 수도 없다. 그럼 그게 무슨 만난 거냐고, 안 만난 거와 뭐가 다르냐고 하겠지만, 많이 다르다.

이것을 이해하려면 우선 저승에 대해 정확히 알아야 된다.

저승은 분명히 있다고 했다. 그러나 우리 인간의 관념으로는 없다. 이승 사람들의 '있고 없고'의 판단 기준은 오직 물질이다.

"거기 사과 있습니까?"라고 누가 물으면, 살펴보고 사과가 있으면 있다, 없으면 없다고 명확하게 대답할 수 있다. 물질세상에서의 있고 없음은 확실하게 구분이 된다.

그런데 그 물음이 물질이 아닌 불가지의 것에 대한 것이라면 얘기가 틀려진다. 사람은 누구에게나 영혼이 있다. 그런데도 영혼이 '있다 없다' 논쟁이 이어지는 이유는 바로 뒤따라 나오는 이 질문 때문이다.

"영혼은 어디에 있습니까?"

부처도, 예수도, 그 누구도 이 질문에는 대답할 수가 없다. 대답할 수 있는 질문이 아니기 때문이다. '어디에'라는 말은 오직 물질에만 해당된다. 그런데 영혼은 물질이 아니다. 영혼은 분명히 있지만, 어디에도 없다. 영혼은 그냥 있을 뿐이다.

그러나 우리 인간의 관념은 확고하다. '있다 없다'는 오직 물질로만 결정한다.

그래서 물질이 아닌 그 무엇에 대해서는 혼란이 생긴다. 자꾸만 '어디에 있는데?' 하고 묻게 되는 것이다.

저승은 어떤 정해진 모양, 또는 어떤 식으로 한정된 뭔가로 규정할 수 없다. 오로지 비 실체로만 존재할 뿐이다. 저승사자든 지옥이든, 불이든 칼이든, 형태가 정해져 있는 것은 있을 수 없다. 그래서 우리가 저승에 갈 때는 이승에서 나였던 그 어떤 형상도 증거도 가지고 갈 수가 없다. 오직 영혼만이 갈 뿐이다.

그러니 앞서간 사랑하는 사람, 그리운 사람 역시 내가 기억하는 그 형상을 유지하고 가지 못한다. 저승에서 만나기는 하지만 만질 수도, 볼 수도 없다는 것이 그 의미다. '그냥 있다.'와 마찬가지로 그냥 만날 뿐이다.

이 말을 듣고 기운이 쑥 빠지는 사람도 있을 것이다.

그나마 죽어서 만나리란 희망마저 사라져 버린 것이다. 나 죽어 그 사람 만날 날만 기다렸는데, 저승에서도 못 보고 못 만지니, 만나도 만난 것이 아니지 않는가.

그러나 아니다. 저승에서 영혼들끼리의 만남도 이승에서 만지고 보는 것만큼의 기쁨을 당신에게 준다. 당신의 가슴속에 박힌 못이 쑥 빠져 나올 만큼 큰 기쁨을 준다. 믿어지지 않겠지만, 다음 얘기를 잘 음미해 보면 이해가 될지도 모른다.

누구나 한번은 영적인 사랑을 하게 된다.

그 사람과 같이 살지 못해도(대부분의 영적인 사랑은 맺어지기 힘들다.) 다시 볼 수 없는 사람이라도, 죽을 때까지 당신의 가슴속에 남는다. 아무도 모르게 가슴속에 묻어 두고 가끔씩 꺼내 볼 뿐이다. 정말 사랑하는 사람은 가슴으로 들어온다. 말도 필요 없고, 생각도 필요 없다.

그냥 가슴부터 저려 온다.

그냥 그 존재 자체만으로 가슴이 꽉 차 버려 바늘 하나 꽂을 자리도 없어진다. 아침에 눈을 뜨면서부터 밤늦게 잠들 때까지 그 사람 생각에 잠긴다. 잠자면서도 마찬가지다. 나의 무의식은 그 사람 생각을 한다. 진짜 사랑을 만나 버리면 그 사람이 걱정되고 애가 탄다. 혹시 그 사람이 무슨 불행을 만나게 될까, 혹시 힘들어 하는 일이 있지나 않을까?

주고 싶은 건 많은데 줄 수 있는 건 없고, 사흘을 굶고 겨우 얻은 빵 한 조각도 그 사람에게 먼저 준다. 주다 주다 줄 게 없으면 목숨도 준다. 그러고도 더 줄 수 없는 걸 미안해한다. 그리고 그 사람이 이 세상에 있는 것만으로도 고맙고 행복하다.

그 사람이 옆에 있으면 더할 나위 없이 행복하겠지만 멀리 떨어져 있어도 저기 어딘가에 있다는 것만으로도 가슴이 벅차다. 같은 하늘 아래 살다 보면 언젠가 한 번은 볼 것이라는 생각만으로도 가슴이 뛴다.

당신에게 그런 사람이 있다면 영원히 같이 있고 싶을 것이다. 그런데 그 사람이 저승으로 가 버리면 당신의 사랑은 이승에서는 끝이다. 이승과 저승은 계가 다르다. 같이 이승에 있다면 그 사람을 가슴에 품고 살 수가 있다. 그러나 저승으로 간 사람은 가슴에 품을 수도 없다. 가슴에 품고 있던 그 사람의 영혼이 가 버렸기 때문이다.

그 사람이 있던 가슴속 그 자리는 텅 비어 버린다. 아무리 '있다,

있다' 최면을 걸어도 없는 것은 없는 것이다. 그리고 그 자리는 채울 길이 없다. 그래서 따라가는 것이다. 만질 수 없어도, 볼 수 없어도 그 사람에게 가는 것이다. 그러면 비어 있던 당신의 가슴을 꽉 채울 수가 있다.

그러나, 그러나, 거기에도 문제가 있다.

내가 하고 싶은 말은 지금부터다.

왜 개똥밭을 굴러도 이승이 좋은지 설명해 주겠다.

저승으로 가 그 사람을 만났다. 가슴속 가득히 그 사람으로 채우고, 그 사람과 하나 되어 행복감 속에 가만히 머문다. 아무런 근심, 걱정, 허전함 따위는 없는 기쁨 속에, 행복 속에 편안히 존재한다. 그 상태로 무한의 시간을 보내다 보면 영혼에 새겨진 한 가지 '습'이 기억난다.

사랑하는 사람을 만지고 보았던 그 좋았던 기억이, 그 '습'이 그리움으로 다가온다.

저녁에 집으로 돌아오면 목에 매달리던 어린 아들, 가슴에 꼭 안고 등을 톡톡 두드려 주면 그 어린 녀석도 같이 조그만 손으로 아빠의 등을 톡톡 두드리던 그 기억이 너무 좋아, 영혼이 감동해 버렸고 '습'으로 새겨지고 말았다. 다시 한 번 그 사람을 만지고 싶어지는 것이다.

그러나 저승은 개념만이 존재하는 무(無)의 세계다.

만지고 또 만지고 백 번을 쓰다듬어도 그것은 다만 마음으로밖에 안 된다. 점점 그리움은 또렷해지고, 만지고 싶은 마음도 커진다. 그래서 그 영혼은 다시 한 번 만질 수 있는 이승으로 오기로 결정한다.

우리는 또 올 수밖에 없다.

저승이 아무리 편안하다 하더라도 우리는 그 편안함을 버리고 또 온다. 그 편안한 쉼, 그것을 제외한 나머지 모든 것은 바로 여기 이승에 있기 때문이다. 그것이 행복, 기쁨일 수도 있지만 불행, 슬픔일 수도 있다.

배고프고 힘든 것도 이승에 있다. 내가 사랑하는 그 영혼의 모습도 여기에서만 볼 수 있다. 좋은 것이든 나쁜 것이든 당신이 원하는 모든 것은 여기에 있다.

그래서 개똥밭을 굴러도 이승이 좋은 것이다.

절대로 신에게 매달리지 말라

왜, 기도할 데라곤 거기밖에 없는데 매달리지 말라고 하는가?
쓸데없는 일에 시간 낭비하는 게 안타까워서다.

신은 결코 당신의 눈앞에 기적을 일으키지 않는다. 우리는 늘 기적이라는 말을 입에 달고 산다. 굳이 종교인이 아니라도, 신 얘기만 나와도 콧방귀부터 뀌는 무신론자들조차도 기적이라는 말을 수시로 하면서 산다.

아슬아슬하게 불행으로부터 벗어났다든지, 가능성이 아주 적은 어떤 일을 운 좋게 이루어 냈다든지, 의사로부터 죽음을 선고 받고도 멀쩡히 살아 있다든지, 우리들 주변에 일어나는 많은 일들을 기적이라 한다. 그러나 그런 일들은 당신이 끝까지 포기하지 않고 아주 작은 가능성이라도 찾아 내었고, 그 가능성을 악착같이 붙잡고 싸워서 이루어 낸 것이지, 신이 가져다 준 것이 아니다.

그저 하기 쉬운 말로 '기적'이라 할 뿐, 사실은 당신이 만든 것이다. 그것을 신의 도움이라 생각하는 것은 당신이 겸손하기 때문이다. 실제로 신은 인간의 삶에 전혀 개입하지 않는다. 기적을 만들고 싶으면 스스로 만들 수 있는 능력을 주었는데, 굳이 거기에 또 개입할 필요가 있겠는가. 그런데도 우리는 왜 신문, 방송, 책 등에서 기적이 일어났다고 떠들어 대는 걸까.

이유는 간단하다. 그만큼 신을 팔아 먹고사는 사람이 많기 때문이다.

봉이 김 선달이 대동강 물을 팔아먹은 것을 대단하다고 하지만, 보이지도 않는 신을 팔아먹는 일이야 말로 그것과는 비교도 되지 않을 만큼 대단하다. 보이지도 않는 신을 팔아먹으려면 어찌하면 될까?

방법은 하나뿐이다. 신은 기적을 일으키는 존재고, 당신이 잘하면 당신에게도 그 기적을 가져다 준다는 것을 믿게 만드는 것이다. 그리고 말 안 들으면 신이 특별히 관리하는 지옥이라는 곳에 집어넣는다고 하면 된다.

같은 말을 세 번 반복해서 들으면 저자거리에 없는 호랑이도 만들어진다. 두뇌는 똑똑한 것 같지만 대단히 어리석다. 뭔가가 한 번 머릿속에 입력되면 그것은 고정관념이 되고, 현실이 되고, 그것이 아니라고 하는 사람을 적으로 인식한다.

머릿속에 뭔가를 입력시킨다는 것은 최면을 건다는 의미다.

최면은 순간적으로 강한 충격을 받아 입력되는 것이지만, 꾸준히 반복적으로 보고 들음으로써 자기도 모르게 입력되기도 한다.

교회에서, 절에서, 점쟁이한테서, 말 지어내기 좋아하는 이웃에게서 기적, 기적, 기적 소리를 듣는다. 신문에서 방송에서, 책에서도 기적, 기적, 기적 소리를 듣는다. 우리의 머릿속에도 기적, 기적, 기적이 꽉 차있다. 우리 머릿속에는 기적이 당연히 있는 것으로 입력되어 있는 것이다. 그러나 그 기적은 신의 소행이 아니다. 우리 인간의 소행이다.

신은 절대로 우리 눈앞에서 기적을 보이지 않는다.

신이 우리 눈앞에서 기적을 보이는 순간, 인간세상은 존재할 수가 없어진다.

만약에 신이 그 누구도 부인할 수 없는 확실한 기적을 우리 눈앞에 보이게 되면, 열심히 힘들게 살 사람은 아무도 없다. 어려운 일, 힘든 일, 골치 아픈 일이 생기면 신에게 매달리면 된다. 신의 기적 한 방이면 간단히 끝나는데 뭐 하러 힘들게 살겠는가.

너도 나도 열심히 살 생각은 않고 신에게만 매달리는 세상이 제대로 유지될 리가 있겠는가? 당연히 무너진다. 신을 바보 취급하다니, 조금 심하다고 생각하지 않는가? 신이 스스로 공들여 만들어 놓은 인간 세상을 자기 손으로 몰락하게 만드는 바보라고 생각하는가? 그게 아니라면 신이 기적을 일으킨다는 말은 더 이상 하지 말기를.

신은 절대로 기적을 일으키지 않는다. 그것이 진리다

누가 뭐라고 궤변을 늘어놓아도 진리는 변하지 않는다.

그것이 이 세상을 유지하는 유일한 길이다. 그 대신 인간 스스로가 기적을 행할 수 있게 만들어 놓았다. 심지어는 생명까지도 창조할 수 있도록 했다. 바로 당신의 아이가 당신이 기적을 행하였다는 살아있는 증거다. 생명 창조보다 더 큰 기적이 있는가?

돈을 많이 벌어 떵떵거리며 사는 것?

그것을 기적이라 생각한다면 돈 많은 부자들에게 직접 물어보라.

그 사람들은 아무도 그걸 기적이라 하지 않는다. 자기가 열심히 노력한 결과물이고 자기가 잘나서 그렇다고 믿는다. 맞다. 전적으로 동의한다. 뭔가를 이루어 낸 사람은 그것을 위해 자신이 얼마나 많은 노력을 했는지 잘 알고 있다. 그 사람들은 신에게 매달리는 대신 스스로 열심히 기적을 만들었다.

부자가 되고 싶은가? 아니면 다른 무언가를 원하는가?

당신이 진심으로 원하는 게 있다면 기도할 시간은 없다.

그 시간에 열심히 그 일을 해라. 그래야 그 기적을 이룰 확률이 높아진다.

노력하기보다는 일확천금을 원하는가?

당신의 능력으로는 당신이 원하는 것을 할 수 없다고 믿는가?

놀아도 돈이 열리는 돈 나무를 원하는가?

그렇다면 당신은 열심히 신에게 매달려 기도해도 된다. 그런 사람들이 할 수 있는 일은 기도 밖에 없다.

옛날 어떤 현자가 말했다.

부처를 만나면 부처를 죽이고, 신을 만나면 신을 죽이라고. 그러지 않고는 스스로 기적을 만들지 못한다. 부처고 신이고 다 죽이고 나면 매달릴 데가 없으니 자기가 할 수밖에.

그리고 자신의 이익을 위해 신의 기적을 말하지 말라. 신이 인간에게 하지 않기를 바라는 게 있다면 바로 그것일 것이다. 신을 팔아먹는 것.

모든 것을 다 주었는데 그것을 쓸 생각은 않고 또 다시 매달려 징징거려서야 되겠는가. 신에게 매달려 떼를 쓰면 다 줄 거라고 부추기는 사람이 있다면 그러지 마라. 그것은 결코 신이 원하는 것이 아니다.

신은 절대로 당신의 눈앞에 기적을 일으키지 않는다.
기적은 당신만이 만들 수 있다.
생명의 창조마저 당신만이 할 수 있다.

육감이란 것은 무엇일까?

사람은 사물을 구별하는데 필요한 다섯 가지 감각 기능을 갖고 있다. 시각, 청각, 후각, 미각, 촉각이 그것이다. 이것은 누구나 안다. 이론의 여지가 없이 뻔하다. 그런데 여기에 한 가지 더, 육감이라는 것이 있다.

육감, 예감은 같은 뜻으로 쓰이며, 닥쳐올 일을 미리 짐작하는 것을 뜻한다. 그러면 이 육감이라는 것은 정확히 무엇일까? 실제로 있기는 한 것인가?

만약에 있다면 이 육감은 무엇의 작용일까? 두뇌의 작용일까?

이렇게 물으면 대부분의 사람들은 고개를 흔들 것이다.

뇌가 닥쳐올 앞일을 미리 예감한다? 글쎄.

그게 아니라면 그 다음 자연히 떠오르는 것이 영혼이다.

육감을 영혼, 또는 저승의 누군가가 보내는 메시지로 생각하고, 그렇게 주장하는 사람들이 많다. 죽은 조상님들, 또는 나와 각별한 관계에 있었던 사람, 또는 내가 사랑했던, 나를 사랑했던 사람들이 죽어서 수호천사가 되어 닥쳐올 위험을 미리 알려 준다는 것이다. 과연 그럴까?

앞의 글에서 진리에 대한 얘기를 많이 했다.

그렇게 밖에 안 되는 것, 누가 무슨 수를 쓰더라도 변하게 할 수 없는 것이 진리다.

그리고 그 진리 중의 하나가 물질계와 비 물질계의 구분이다. 그것이 확실하게 구분되어 있어야 순환을 할 수 있는 근거가 생기는 것이다. 물질의 상태로는 그게 어떤 것이든 비 물질계, 저승으로는 갈 수가 없다. 반대로 물질이 아닌 것은 그게 무엇이든, 설사 신이라 할지라도 물질계로는 못 온다.

가고 싶으면 모든 물질을 버려야 하고, 오고 싶으면 어떤 형태로든 물질의 형태를 갖춰야 한다. 그렇지 않고 물질이 저승을 가고, 비물질이 이승을 오는 일이 생기면 순환의 진리는 허구가 된다. 그야말로 귀신과 사람이 함께 사는 세상, 개판이 된다.

그러면 이승과 저승을 순환할 필요도 없다. 모두 여기 다 있는데 뭐 하러 왔다 갔다 하겠는가? 바로 그 진리, 그 이유로 영혼은 이 세상의 일에 관여하지 못한다. 그래서 육감은 영혼, 또는 신, 어떤 말로 부르든 그쪽으로부터 오는 것이 아니다. 절대로 그럴 수 없고, 그렇게 되지도 않는다.

그러면 육감은 무엇인가? 없는 것인가?

있다. 있기는 있지만 우리가 생각하는 그런 것이 아니다. 일종의 '후견지명(後見之明) 같은 것이라 생각하면 옳을 것이다.

선견지명이란 말은 다 알 것이다. 닥쳐올 일을 미리 예측해 대비하고 그 피해를 줄이는 지혜를 말한다. 그러나 후견지명은 전혀 다르다. 후견지명에 대해 가장 잘 설명해 놓은 글을 어느 책에선가 본 적이 있다.

세 사람의 선비가 과거를 보러 나섰다.

가는 도중에 너무 궁금한 나머지, 어느 절의 고승을 찾아가 셋 중에 누가 과거에 급제할지 물어 보았다. 한참을 생각하던 고승은 아무 말 없이 손가락 하나를 펴 보였다.

세 선비가 그게 무슨 의미인지 물어도 "나중에 알게 될 것이오." 라는 말 뿐이었다.

선비들이 떠난 후 고승을 모시는 상좌스님이 물었다.

"손가락 하나를 편 것은 한 사람이 급제한다는 뜻입니까?"

고승이 고개를 끄덕이며 말했다.

"그래, 한 사람이 될 경우에 그리 말하면 된다."

"그럼 두 사람이 되어 버리면 어떻게 합니까?"

"그때는 한 사람만 떨어지고 다 된다는 뜻이라고 하면 된다."

은근히 화가 난 상좌스님이 말했다.

"그럼 다 붙어 버리면 어쩌려고 하십니까?"

"한 사람도 없이 다 된다는 뜻이었다고 말하면 된다."

"다 떨어지면요?"

"이놈아, 한 사람도 없이 다 떨어진다는 뜻이었다고 하면 되질 않느냐."

바로 이것이 후견지명이다. 즉 결과가 나온 후, 거기에 맞춰 해석을 갖다 붙이는 것을 말함이다. 육감이라는 것도 이와 다르지 않다.

소풍 가는 날, 비가 오면 어쩌나 하고 걱정하는 것과 같다. 알 수 없는 앞일에 대해 불안해 하는 것은 사람으로서 가지는 자연스러운 감정이다. 그런데 공교롭게도 진짜 비가 와 버리면 이렇게 말한다.

"어쩐지 예감이 안 좋더니만."

"육감에 비가 올 것 같더니만 역시 육감은 틀린 적이 없어."

살다 보면 좋은 일이든 나쁜 일이든, 큰일을 앞두고는 이런 저런 수백 가지 생각을 하게 된다. 우리는 그것을 육감이라고 하지 않는다. 다만 결과가 나온 뒤 수백 가지 생각 중에 그 결과에 딱 맞는 생각을 끄집어내어, 마치 사전에 알았던 것처럼 '육감'이라는 말로 부를 뿐이다.

신, 또는 영혼은 당신의 삶에 영향을 주는 어떠한 행위도 하지 않는다.

더구나 앞일을 미리 알려주는 그런 일은 없다.

육감은 다만 후견지명일 뿐이다.

육감은 기우에서 비롯되고, 불안과 두려움으로부터 온다.

당신의 머리가 만드는 쓸데없는 걱정이 예감이고, 어떤 결과가 나오든 그것은 당신의 여러 가지 걱정 중 하나에 속한다.

생각과 걱정이 많은 사람일수록, 그의 예감은 정확하다.

온갖 걱정을 다 하다 보니 그 중의 하나는 맞을 수밖에.

우리 아들이 탈 비행기가 사고날 줄 알았다고? 진짜 알았다면 목숨 걸고 말렸겠지.

'혹시 아들이 탈 저 비행기가 사고나면 어쩌지? 에이, 설마.'

이런 생각은 누구나 다 한다.

그것이 육감이다.

그리고 아주 가끔 그 육감이 맞기도 한다.

두려워할 것은 아무것도 없다

사람을 가장 크게 해치는 것이 있다면 그것은 걱정, 근심, 고민, 그런 것이다.

그런 것들은 사람을 잠시도 놓아 주지 않고 붙잡고 괴롭힌다.

없으면 없어서 걱정, 있으면 있는 대로 또 근심이 생긴다. 당신이 살아 있는 한 건강 걱정, 돈 걱정, 자식 걱정, 이런저런 근심과 걱정이 끊이지 않는다. 그리고 또 죽으면 그 다음에 올 우리가 알 수 없는 그 무언가에 대한 걱정, 이런 온갖 걱정들을 다 놓아 버릴 수 있다면 얼마나 편할까.

우리의 건강을 해치는 질병의 대부분은 바로 이런 근심과 걱정으로부터 온다. 근심 걱정으로부터 해방되면 사람은 누구나 주어진 수명대로 건강하고 편안하게 살다 갈 수 있을 텐데, 도대체 이런 걱정들은 어디서부터 오는 걸까? 누가 몽땅 없애 줄 수는 없을까?

이 땅에 왔던 선각자들 모두가 바로 그런 근심을 없애 주고자 많은 설법을 했다.

나약한 우리 인간들에게 그렇게 근심할 필요가 없으며, 아무것도 걱정하지 말라고 귀에 못이 박히도록 말해 주었지만 아무도 그것을 알아듣지 못하고, 지금도 끙끙대고 있다. 아니다. 알아듣지 못하는 것이 아니라 믿지를 않는 것이다.

근심, 걱정, 고민, 이 모든 것은 오직 한 군데서 온다.

바로 두려움에서 오는 것이다.

선각자들은 아무것도 모르고 두려움에 떨면서 살고 있는 나약한 인간들을 위해 많은 가르침을 내렸다. 이 세상이 어떤 것인지, 저 세상은 어떤 것인지를 가르치려 했고, 그 두 세상을 합한 전체 '신'이라는 존재를 가르치려 했다. 그 가르침들이 종교가 되고, 또 그 종교의 경전이 되어 지금도 전파되고 있다.

선각자들은 말했다. 그리고 그들의 경전에도 뚜렷이 기록되어 있다.

'아무것도 두려워하지 말라.'

'모든 것은 네 마음속에 일어나는 한 점 번뇌일 뿐이다.'

선각자들은 한목소리로 두려워할 것이 없다고 했다.

실제로 우리는 두려워할 것이 아무것도 없다. 지금의 세상은 물론이고 죽음조차도, 또 죽음 그 다음에 오는, 우리의 망상 속에 있는 그 많은 그리고 끔찍한 고통마저도.

선각자들이 그렇게 가르쳐 주었는데도 왜 우리는 편안해질 수가 없는 걸까? 선각자들이 뻥을 친 걸까? 왜 우리는 항상 우리가 알 수 없는 뭔가가 우리를 나쁜 쪽으로 몰아갈 거라고 믿을까? 왜 항상 이제나 저제나 횡액이 덮칠 때를 기다리며 조마조마하게 사는 걸까?

왜 신은 우리를 완벽한 인간으로 창조해 이런 두려움 따위는 웃어넘길 수 있게 만들지 않았을까? 그랬다면 우리 모두 언제나 행복하고 즐겁게 살 수 있었을 텐데.

지금 이 글을 읽으며 '어? 그건 아닌데.'라고 생각한 사람이라면 참으로 많은 것을 얻은 사람이다. 그렇다. 모두들 행복하기만 하고 근심 걱정 없는 삶은 우리의 얍삽한 신께서 바라는 바가 아니다.

이 세상은 행복만을 위해 존재하는 세상이 아니다. 그딴 것은 저승에서 지겹도록 누리다 왔다. 이 세상은 저 세상과는 반대로 온갖 것들을 다 근심 고민하게 하고, 머리가 빠지게 끙끙대며 발바닥이 닳도록 뛰어 다니게 만드려고 설계하고 계획한 신의 작품이다.

선각자들은 신의 음모를 알았다. 그래서 온 세상에 신의 음모를 폭로했다.

천기누설을 한 것이다.

"두려워하지 마라. 우리는 신의 한 조각이다."

"우리는 와도 신의 안이며, 가도 신의 품 안이다."

"신이 우리를 벌주는 것은 제 발등 찍는 것이다. 그러니 '니 마음대로 하세요.' 하고 뒤로 자빠져 있어도 어찌할 수가 없다."

이렇게 아무것도 걱정하지 말고 두려워하지 말라고 온 세상에 나팔을 불었다.

그러나 아무리 잘난 인간도 신을 이길 수는 없다. 신은 우리가 아는 것보다 훨씬 더 똑똑하다. 신은 그럴 줄 알고 거기에 맞게 대응책을 마련해 두었다.

여기서 우리가 꼭 알아야 할 것이 있다.

굳이 선각자가 천기누설을 하지 않아도, 우리는 이미 모든 걸 알고 있다.

그럼에도 불구하고 우리는 두려워하고 근심 걱정하며 살아야 한다.

왜? 이유는 간단하다. 그렇게 만들어졌기 때문이다.

우선 우리가 모든 걸 다 알고 있는 이유에 대해 설명해 주겠다.

이것도 간단하다. 영혼이 같이 있기 때문이다. 영혼이 없는 인간은 없다. 신이 아는 건 영혼도 다 알고 있다. 우리는 모든 걸 다 알고 있지만, 다만 믿지 않을 뿐이다.

영혼의 나이에 따라 조금씩 차이는 있지만 우리는 늘 영혼과 조우한다. 아주 가끔 만나는 사람도 있지만 늘 영혼을 들여다보며 노는 사람도 있다. 정도의 차이는 있을지언정 우리 모두 알 수밖에 없는 것이다.

'나는 모르는데'라고 생각하는 사람은 다음의 예를 보라. 그러면 알 것이다.

종교의 경전은 결코 사람을 편하게 해주는 복음이 아니다. 마치 사람을 벌주기 위한 육법전서와 다름없이 모든 사람을 죄인시해 놓았다. 아무것도 두려워하지 말라고 해놓고는 모조리 지옥으로 보내 영원한 고통을 받게 하겠다고 협박하고 있다. 죄지은 자는 물론이고, 죄가 없어도 믿지 않는 사람은 바로 지옥행이다.

심지어 털어도 아무 죄가 없는 착한 사람에게는 원죄라는 걸 뒤집어씌운다.

'우리 모두는 원래 죄인이다. 죄 없는 자는 아무도 없다. 참회하라.'

'참회하지 않으면 영원히 지옥 불에 태워질 것이다.'

참으로 사람의 입으로 말하기 어려운, 저주에 가까운 끔찍한 내용이다.

왜 같은 경전 안에 저렇게 상반되는 내용이 들어 있을까?

이유는 말 안 해도 알 것이다. 선각자의 복음 뒤에 전하는 사람들이 토를 달았기 때문이다. 선각자는 욕심이 없는 사람이다. 믿든 안 믿든 상관이 없다. 믿는다고 진리가 달라지고 안 믿는다고 진리가 변하는 것은 아니기 때문이다. 그러나 그걸 전하는 사람은 다르다. 진리고 뭐고 필요 없고, 내 말을 믿어주느냐 안 믿어주느냐, 그게 중요할 뿐이다. 자기가 들은 대로 진실을 말했는데, 안 믿어주니 화가 나는 것이다. 그래서 홧김에 만든 것이 지옥이다. 안 믿는 사람은 지옥으로 보내 혼줄을 내고 싶은 욕망이 그대로 경전에 쓰인 것이다.

그러나 대부분의 사람들, 정확하게는 대부분 사람들의 영혼은 그 말이 허구라는 걸 안다. 만약에 그 말이 허구가 아니라면, 천만리 기나긴 백지 위의 한 점에 불과한 우리의 인생을 영원한 고통과 맞바꿀 사람은 아무도 없을 것이다.

죽을 때까지 거꾸로 매달아 놓는 고행을 당하더라도, 아무도 나쁜 짓을 하지 않을 것이다. 이생만 참아 넘기면 영원히 편하고 행복한 곳에 살 텐데 그걸 못 참겠는가. 그 잠깐을 못 참아 몇 천 년도 아니고 영원히 불 태워지는 지옥에 갈 사람이 누가 있겠는가. 그런데도 우리는 수시로 나쁜 짓을 하면서 산다.

왜? 그딴 거 없다는 것을 아니까. 당신은 몰라도 당신의 영혼은 아니까.

죽으면 지옥 가는 건 당신이 아니라 당신의 영혼인데, 나쁜 짓 하게 두겠는가? 모르는 것 같아도 당신은 알고 있다. 뿐만 아니라 두려워할 필요도 없고, 근심 걱정 안 해도 된다는 것도 알고 있다. 다만 모르는 것은 당신 육신의 가장 높은 곳에 모셔진 당신의 두뇌다. 그 두뇌는 당신이 이 세상에 올 때 만들어져 당신의 육신과 같이 왔다.

그래서 그 두뇌는 이 세상에 와서 보고 듣고 배운 것밖에는 모른다. 그리고 이 세상이 유일한 줄 알고, 우리가 죽음이라고 부르는 영혼이 육신을 놓고 가는 것을 '끝'으로 알고 있다. 당신의 두뇌는 결코 저 세상을 경험하지 못한다. 육신을 가지고는 절대로 저 세상에 갈 수 없다고 했다.

두뇌는 육신에 다름 아니다. 그런데 문제는 이 세상에서의 삶은 육신이 먼저이고, 그 육신은 두뇌에 지배당하고 있다. 이 세상에서만은 영혼이 두뇌를 못 이긴다. 선각자가 못 박혀 죽어가면서 누설

한 하늘의 비밀을 당신이 끝내 믿지 못하는 이유다.

신이 이렇게 말하는 소리가 들리는 것 같지 않은가.

"내 이럴 줄 알고 그렇게 만들어 놓았다."

이 땅에 수많은 선각자들이 왔다.

그들은 많은 가르침을 남겼다.

그것은 종교로, 경전으로, 예언으로, 또는 입에서 입으로 끝없이 전해져 내려오고 있다. 믿지 않으면 영원히 불태운다는 협박을 덧붙여서. 지금도 우리 곁에는 많은 현자들이 같이 살고 있다. 진심으로 목마른 사람이 있다면 그들은 아낌없이 진리의 물을 나누어 줄 것이다.

마실지, 마시지 않을지는 당신의 선택이고 그들은 상관하지 않는다.

다만 말해줄 뿐이다. 종교와 다른 점은 그들에게는 지옥이라는 단어가 없다는 것이다.

내게 없음을 두려워하지 마라. 지금 당신이 가진 것보다 훨씬 못 가져도 당당하게 살고 있는 사람이 많다. 어떤 사람은 손발을 움직일 수 있고 걸을 수 있는 것 자체를 고마워하며 산다. 그 사람은 다리 밑 천막에서 움직이지도 못하고 누워 있는 다른 장애인 거지들을 위해 열심히 밥을 얻어 나른다. 당신의 가치관으로 본다면 그 사람에게 무슨 희망이 있는가?

죽을 때까지 밥을 빌어 남의 입에 갖다 넣는 것, 내 것이라고는 아무것도 없고 앞으로 나아질 희망도 없다. 그 사람은 내게 없음을 두려워할 시간도 없다. 그 사람의 두뇌가 그 쪽으로 생각을 돌리는 순간, 그 사람은 이 세상에서 가장 불행한 사람이 되고 만다. 그 사람은 그저 누워 있는 동료 거지들이 죽을 때까지 밥을 얻어 올 수 있을 만큼 건강했으면 좋겠다는 소망밖에 없다.

당신은 분명 그 사람보다 많이 가지고 있다. 그런데 당신은 그 사람보다 더 행복하다고 말할 수 있는가? 그 사람보다 이 세상을 더 잘살고 있다고 감히 말할 수 있는가? 당신은 100을 바라는데 90을 가졌으니 10이 부족한 것이고, 그 사람은 1을 바라는데 1을 가졌으니 만족할 뿐이다. 가지고자 하는 욕심이 커지면 못 가지는 두려움도 커진다. 반대로 가지고자 하는 욕심을 버리면 내게 없음에 대한 두려움 또한 사라진다.

두려워하지 마라.

모든 두려움은 욕심에서 비롯되고, 그 욕심은 생각에서 온다.

머릿속에 일어나는 모든 욕심은 한 점 티끌에 지나지 않는다.

번뇌를 지우고 나면 두려움이 없어지고 구름처럼 바람처럼 얽매임 없는 자유로운 삶을 살게 될 것이다.

어떻게 살아야 하는가?

이 세상 살면서 문득문득 '내가 지금 잘살고 있는 건가?' 하는 의문을 가지는 사람이 의외로 많다. 그리고 많은 사람들이 이런 질문을 해 오고 있다.

평생을 거짓말 한 번 안 하고, 정직하고 열심히 살아 왔는데 누가 알아주지도 않고, 오히려 파렴치하게 사는 사람이 더 잘 먹고 잘산다면 화가 날 수밖에. 자신의 삶이 바보 같다는 생각이 들고 '이렇게 살 필요가 있을까' 하는 의문이 들 것이다.

또 어떤 사람은 평생을 앞만 보고 열심히 살아서, 어느덧 자기가 목표로 하는 돈도 모았고 남들한테 열심히 잘살았다는 말도 듣는데, 정작 자기 자신은 나이가 훌쩍 들고 보니 '왜 살았는지, 뭘 위해 살았는지' 후회만 남는다고 한다. 차라리 백수건달로 살았던 사람은 자기 하고 싶은 것 다 하며 살았는데, 자신은 나이 들어 돈 몇 푼 더 가진 것이 과연 의미가 있는지 의문을 가진다.

어떤 사람은 가족 때문에 자기 자신을 희생하고 살았다. 그때는 몰랐는데 세월이 흐르고 자신을 돌아보니 눈물이 나더라는 사람도 있다. 평생을 먹고 사느라 바빠, 남들 다 가는 여행 한 번 못 가 보고 늙어 버린 노인은 뒤늦게 '세상 구경이라도 한 번 할 걸.' 하고 후회한다.

죽어라 하고 가족들을 위해 열심히 일했는데 가족들은 빈둥거리며 놀고 있고, 아빠를 돈 버는 기계쯤으로 여기는 것을 알고 나니 왜 이렇게 사는지 모르겠다는 사람도 있다. 어린 나이에 결혼해서 열심히 시댁 식구들 받들고 살았는데, 정작 남편이라는 사람은 아내를 천대하고 하녀 취급하니, 뒤늦게 살아온 삶이 억울해 이혼하는 사람도 있다.

열심히 산 사람도, 그냥 대충대충 산 사람도 누구나 후회를 한다.

왜 그렇게 살았을까? 다시 그 시절로 돌아갈 수만 있다면 절대로 그렇게는 살지 않겠다. 절대로! 아무리 후회하고 땅을 쳐 봐도 이미 세월은 가 버렸고 다시 돌아갈 수 없다.

만약 시간을 다시 되돌릴 수 있다면 우리는 과연 다른 삶을 살 수 있을까? 과연 당신이 실패라고 생각하는 그 모든 것들을 다시는 반복하지 않고 후회 없이 살게 될 것인가?

우리가 잘못 선택해서 지금의 삶을 사는 것이고, 다시 돌아가면 이렇게는 안 살 것이라는 생각은 착각이다. 분명히 말하지만 백 번을 다시 돌려놓아도 당신은 다시 그 자리로 온다. 왜냐하면 당신은 그렇게 타고났기 때문이다.

당신이 이 세상에 올 때는 당신의 역할을 할 수밖에 없도록 만들어져 온다. 즉 업(業)을 타고난다. 물은 백 번을 다시 부어도 낮은 곳으로 흐른다. 당신도 마찬가지다. 백 번을 다시 돌려놓아도 당신의 업으로 인해 당신은 다시 그 자리로 온다. 운명이요, 숙명이며, 당신의 팔자요, 업이다.

그게 싫으면 당신은 업을 바꾸어서 와야 한다.

환생, 즉 죽었다 다시 올 때는 같은 삶을 살고 싶어도 못 산다. 업이 바뀌었기 때문이다. 다른 업을 가지고 오면 같은 자리, 같은 환경에 갖다 놓아도 다른 삶을 살게 된다. 같은 것을 보고도 다른 선택을 하기 때문이다. 그래서 신은 환생하도록, 윤회하도록 만들어 놓은 것이다.

잘살아도 못 살아도 우리는 늘 후회를 한다.

내 몸 하나로 살 수 있는 삶은 하나밖에 없다. 살아가면서 내 눈에 보이는 수많은 삶 중에 어찌 나보다 나은 삶이 없을 것이며, 내가 갖지 못한 것을 가진 사람이 없겠는가. 남들은 가졌는데 나는 못 가진 것에 대해 화도 내 보고, 부러워도 해 보고, 또 남은 못 가졌는데 내가 가진 것에 대해서는 뽐내기도 하고, 그것이 당신이 이 세상에 온 이유고 당신이 살아 있다는 증거다.

각설하고 '어떻게 살아야 하는가? 내가 지금 잘살고 있는가?'에 대한 대답은 없다. 대답할 수는 있지만, 당신들이 원하는 대답은 아닐 것이다. 마치 이 질문과 같다.

"배가 고파 죽겠는데 어쩌면 좋을까요?"

내가 할 수 있는 대답은 '밥을 먹으면 됩니다.'이다. 그 대답이 진리인 건 맞지만 그 사람이 원하는 대답은 아니다. 밥이 있으면 당연히 먹었겠지, 내게 질문을 할 리가 없으니까. 이 질문은 '어찌하면 밥을 구할 수 있는지'를 묻는 것이라 봐야 한다.

내가 여러분에게 어떻게 밥을 구할 것인지를 말할 수는 없다. 내 밥 구하기도 벅차서 나 역시 끙끙대고 있기 때문이다. 여러분이 '이번 생에서 가지지 못한 것, 가질 수 없는 것, 그것을 어떻게 하면 가질 수 있습니까?' 하고 묻는데 내가 대답할 말은 없다.

"어떻게 살아야 합니까?"

"내가 지금 제대로 살고 있는 것이 맞습니까?"

이 질문에 내가 해줄 수 있는 대답은 이것뿐이다.

"예, 당신 마음에는 안 들지 몰라도 당신은 타고난 업대로 잘살고 있습니다. 나름대로 가장 잘 선택해서 살고 있는 게 지금 당신입니다. 당신은 백 번을 과거로 돌아가도 다시 그 자리로 올 것입니다."

잘 생각해 보기 바란다.

지나고 보니 후회가 될 뿐이지, 그 당시에는 당신이 할 수 있는 최선의 선택들을 하면서 살아 왔을 것이다. 물론 타고난 성격에 따라서 대충 대충 결정을 해 온 사람도 있을 것이고, 머리가 빠지게 고민 고민하면서 결정을 해 온 사람도 있겠지만, 쉽게 결정을 했다고 그게 최선의 선택이 아니라고 할 수는 없다. 그 사람으로서는 최선의 선택을 한 것이다.

다만 지나고 보니 '그때 이랬더라면' 하고 후회할 수는 있다.

그러나 그때 당신이 그 결정을 했더라도 지금 여전히 후회하고 있을 것이다.

왜냐하면 당신은 하나의 삶밖에 살 수가 없기 때문이다. 어차피 누군가는 당신이 가지지 못한 것을 가지고 있을 것이기 때문이다. 어차피 신은 내게 하나의 몸밖에 주지 않았다. 두 개, 또는 몇 개의 삶을 동시에 살 수 없고, 또 그게 허용이 된다고 해도 몸만 고달플 뿐이다. 지금 약간의 불만이 있더라도 그나마 다행으로 알고 살기 바란다.

그리고 필자가 인간으로서 하나의 충고를 한다면 '잘살고 있는가? 왜 이렇게 사는가?'와 같은 고민은 당신의 정신세계를 넓히는 데 필요한 것이긴 하지만, 길게 하지는 말라는 것이다. 짧게 하고, 빨리 털어 버리기 바란다.

그 생각에 빠져들면 당신은 자칫 지금의 삶에서 걸어 나와 버릴 확률이 높다. 분명히 말하지만 아무 생각 없이 지금의 삶에서 벗어나게 되면 당신은 지금보다도 더 못한 한 단계 낮은 삶으로 내려와 지금보다 더 큰 후회를 하며 살게 될 것이다. 열심히 준비해서 다른 삶으로 가는 것은 괜찮지만, 아무 준비 없이 걸어 나와 버리면 당신은 더 힘들어질 것이다.

그러니 지금 잘사는 것인지 고민이고 또 후회가 된다면, 그런 생각을 할 시간이 없다. 지금 당장 당신이 원하는 삶을 위해 준비하기 바란다.

그래서 그 자리에서 당당하게 걸어 나오기 바란다.

그게 잘사는 유일한 방법이다.

씨발, 왜 하필 나야?

씨발.

이것이 욕이라면 우리는 절대적인 힘을 가진 신에게 가끔 이 욕을 하며 산다.

신이 아니라면, 우리를 운명이라는 이름으로 이리저리 절망적인 상황 속으로 밀어 넣는 알 수 없는 존재에게 이 욕을 퍼 붓는다.

씨발, 왜 하필 나야?

어떤 사람은 병으로, 사고로, 사랑하는 남편과 아내를 먼저 보냈다. 하고 싶은 말도 많고, 해야 할 일도 많은, 아직 앞날이 구만리 같은 그 사람을 어느 날 문득 데리고 가 버렸다. 잘 가라는 인사도 못 하고 '걱정 말라고, 우리는 괜찮으니 편히 가라.'고 말 한마디 못 했는데 훌쩍 데리고 가 버렸다.

어떤 아이는 태어나 철도 들기 전에 부모를 모두 잃었다. 이유도 모른 채, 친척 집과 길바닥을 전전하며 살아 왔다. 그 아이는 이유라도 알고 싶었다. 어떤 부모는 눈에 넣어도 아프지 않을 어린 아이를 몹쓸 병으로 잃었다. 몇 살 되지도 않은 아이에게 그 끔찍한 수술을 몇 번이나 받게 하며 온갖 고통을 다 주고는 따뜻하게 한번 안아 주지도 못하고 보냈다.

이런 일을 당한 사람은 너나 할 것 없이 슬프기 이전에 화가 난다.

보고 싶고 생각이 날 때마다 그렇게 만든 그 무엇에게 말한다.

“씨발, 왜 하필 나야? 대체 나한테 왜 그러는데?”

만약 어딘가에 신이 있다면 쫓아가서 따지고 싶은 마음뿐이다.

신의 멱살을 잡고 “내가 뭘 잘못했는데, 왜 하필 나냐고?”라며 따져 묻고 싶은 마음이 들 수밖에 없다.

그렇게 물으면 신은 뭐라고 대답할까?

신이 하고 싶은 대답은 이것이다.

“나는 의도적으로 누군가를 선택한 적이 없다.”

그렇다면 그런 일들은 누구의 선택에 의한 것일까? 자, 우선 신은 공평하다고 했다. 누구에게 특혜를 주지도 않지만 그렇다고 누구에게 불이익을 주는 일도 없다. 여기서 ‘공평하다’는 말이 무슨 말인지부터 알아야 한다.

내가 아이를 잃는다고 모든 사람이 다 아이를 잃어야 한다?

내가 키가 작으면 모든 사람이 키가 작아야 한다?

내가 100원을 벌면 다른 사람도 100원을 벌어야 한다?

내가 암에 걸리면 모든 사람이 다 암에 걸려야 한다?

이런 일들이 공평한 것이라 생각한다면 그 생각부터 버려야 한다. 이것이 공평이라면 모든 사람이 태어나면서부터 죽을 때까지 꼭같아야 한다는 말이다. 그렇게 된다면 이 세상에는 단 한 사람만 있는 것과 같다.

모든 사람이 다 같아야 한다면 열심히 일한 사람과 놀기만 한 사람의 차이는? 물에 빠져 죽은 사람과 공평하게 하기 위해 물가에 가지도 않은 사람도 물에 빠져 죽게 만든다?

어떤가? 이게 공평함이라 생각하는가? 당신이 신이라면 이렇게 하겠는가? 그렇다. 이런 것들은 공평함과는 거리가 멀다

진정한 공평함이란 자기가 한 행위에 맞게 대가가 주어지는 것이다.

물가에 가는 사람은 물에 빠져 죽을 위험을 안고 가는 것이다. 그럴 수도 있다는 것을 알고 가는 것이다. 그래 놓고는 신에게 욕을 한다?

"씨발, 왜 나야?"

물놀이를 하는 사람 중에 몇몇은 반드시 사고가 나게 되어 있다. 그 중에 한 사람이 나일 수도 있고 아닐 수도 있다. 그 만에 하나의 경우를 당하기 싫으면 물가에 안 가면 되는 것이다. 내 결정에 의해 물가로 갔고 내 발로 스스로 걸어서 물에 들어간 것이다. 그 대가를 남에게 받게 할 수는 없다. 그것이야말로 진정한 불공평이니까.

신이 인간에게 주는 공평함이란 모두가 다른 삶을 살게 하는 것이다. 이제 신의 공평함이라는 것에 대해서는 이해를 했으리라 믿는다. 그러나 문제는 또 있다.

아직 철도 들지 않은 어린아이가 어느 날 뇌출혈로 쓰러져, 고통에 몸부림치다가 속절없이 가 버렸다. 이 아이는 뭘 잘못했을까? 신의 공평함이 자신이 한 행위에 대한 대가를 주는 것이라면 이 아이는 대체 무슨 행위를 했을까? 물에 빠져 죽었다면 왜 물가에 갔냐고 나무라기라도 하겠지만 이 아이는 그런 어떠한 원인이 되는 행위를 한 적이 없다.

이것은 오로지 신의 선택에 의한 것이라고 밖에는 설명할 길이 없다.

자신의 선택이나 행위와 관계없이 아이를 잃은 부모라면 누구에게 항의를 하겠는가? 모든 것을 책임지는 존재인 신에게 책임을 물을 수밖에 없지 않는가? 너무나 당연한 것 같은 이 경우에도 신은 할 말이 있다.

당신의 열 손가락을 깨물어 보라. 아프지 않은 손가락이 있는가?

열 손가락 모두가 똑같이 아프다. 내가 선택했을 때 그 결과가 다르게 나온다면, 선택의 여지가 있다. 그러나 어느 것을 선택하든 결과가 같다면 당신은 선택의 필요성을 느끼지 않는다. 그렇다. 신은 선택할 이유도, 선택할 필요도 없다.

신에게 있어 모든 인간은 동등하다.

모두가 신의 열 손가락 중 하나일 뿐이다.

그래서 신은 특혜를 주기 위한 선택도 하지 않지만, 아픔을 주기 위한 선택 역시 하지 않는다. 다시 한 번 말하지만 신은 의도적으로 누군가를 선택하는 일이 없다. 그냥 버려 둘 뿐이다. 어차피 이 세상은 슬픔과 기쁨이 어우러지고 사랑과 미움이 공존하며, 삶과 죽음이 교차해 있는 세상이다.

누군가는 성공하지만 누군가는 실패할 것이고, 누군가는 사랑 받겠지만 누군가는 미움을 받을 것이다.

지금도 우리가 모르는 곳에서 수많은 사람들이 죽어가고 있다.

전쟁으로, 사고로, 병으로, 그리고 어른들이, 어린아이들이, 여자가, 남자가. 왜 하필 나냐고? '왜 하필 당신'이 아니라, 당신도 그 수많은 사람 중의 한 명일 뿐이다.

신이 하필 당신을 골라 '너는 실패해라, 너는 병에 걸려라, 너는 물에 빠져 죽어라, 너는 공사장 밑을 지나다 떨어지는 벽돌에 머리를 맞아 죽어라, 너는 누구를 사랑해라, 너는 가난해라.' 이 따위 일에 간섭하고 있다고 생각하는가?

그런 째째한 신이라면 이미 신이 아니다.

신은 우리가 생각하는 것보다 그릇이 크다. 다시 한 번 말하지만 신은 의도적으로 누구를 선택하지 않는다. 다만 그냥 둘 뿐이다.

뗏목을 타고 태평양으로 나가고 싶은가?

그러면 그리 해라. 다만 죽을지 살지는 네가 알아서 해라. 파도가 너를 삼킬지 말지는 알 수가 없다. 네가 마음대로 뗏목을 타고 바다로 나가듯, 언제 파도가 칠지는 파도가 마음대로 한다. 나는 어떠한 것도 간섭하지 않는다. 너를 말리지 않듯이 파도도 말리지 않는다.

모든 것은 네가 결정해라.

다만 내게 매달리지는 마라.

내가 너를 구해주는 순간, 이 세상의 모든 진리는 사라진다. 모든 사람이 자기 마음대로 행동해 놓고 자기에게 유리한 결과를 얻기 위해 신을 불러 대는 그런 세상은 필요가 없다. 내가 이 세상을 창조한 이유는 너희들 마음대로 할 수 있는 세상을 만들기 위해서다.

그 결과에 있어서 모든 희로애락이 만들어지니 그 또한 너희들 것이다. 다만 나는 너희들을 위해 마지막은 예비해 두었다. 죽음, 그 다음은 어떠한 고통도 없는 편안한 쉼을 준비해 두었다. 지옥뿐 아니라 마귀, 사탄, 너희를 힘들게 하는 그 어떠한 것도 있을 수 없는 편안한 쉼 말이다.

그러니 두려워하지 마라.

신, 곧 진리를 믿어라. 그럴 수밖에 없는 그것, 그렇게밖에 안 되는 그것.

실체의 세계에서 부대끼며 살았던 너희들은 이제 모든 실체의 괴로움으로부터 벗어나 편안한 쉼, 그 외는 아무것도 없는 비 실체의 세상으로 가 편안히 쉬게 되리라.

그것이 내가 너희들을 위해 준비해 둔 마지막 은혜이니라.

때가 되면 저 세상으로 보내 주는 것이 순리다

지금까지 이 글을 읽은 사람이라면 이제 죽음에 대해 한번쯤 진지하게 생각해볼 때가 되었다. 우리가 죽음이라고 말하는 것은 실체의 세상인 이승에서 모든 실체의 것을 버리고, 비 실체의 세상인 저승으로 가는 것이다. 실체가 전부인 이 세상에서 비 실체를 이해할 수는 없다.

비 실체란 이 세상에는 없는 개념이기 때문이다.

뭔가가 있어야 설명을 할 텐데 아무것도 없는 것을 무슨 수로 설명하겠는가?

그럼에도 불구하고 그것은 있다. 없으면서 있다.

그것이 비 실체의 것이고, 바로 죽음 다음의 세상, 저승의 정체다.

실체의 세상인 이승의 모든 것은 그것이 어떠한 것이라도 비 실체의 세상인 저승에서는 존재하지 않는다. 비 실체의 세상인 저승의 모든 것은 이 세상에서는 존재하지 않는다.

실체와 비 실체에 대해서는 앞에서 설명했다. 그리고 이 실체와 비 실체에 대해 정확히 이해하면 저승의 문제는 풀린다. 우리가 죽음에 대해 가지는 두려움도 없앨 수 있다. 우선 우리는 이런 비 실체, 또는 결코 알 수 없는 불가지의 것에 대해서는 어떤 말로도 설명이 안 되며, 증명할 수도 없다.

그런데도 그것에 대해 알고 싶어 한다면 방법은 하나뿐이다.

진리! 이승에서든, 저승에서든, 실체에 관한 것이든, 비 실체에 관한 것이든 오직 변하지 않고 그렇게밖에 안 되는 그것!

진리, 우리는 오직 이 진리를 가지고 유추해 볼 수밖에 없다.

자, 지금부터 저승을 유추해 보자.

첫 번째 진리, 저승은 있다는 것이다.

이 세상이 있듯이 저 세상도 있다.

두 번째 진리, 이 세상과 저 세상은 절대적으로 분리되어 있다.

'있으면서도 없는 비 실체'라는 저승의 개념조차 이 세상에는 없을 정도로 완벽하게 분리되어 있다.

누누이 설명했지만 신은 모든 실체와 비 실체를 합친 전체 존재라 했다. 믿든 안 믿든 달라질 것은 아무것도 없다. 당신이 믿지 않는다고 저승이 없어지지도 않지만, 믿는다고 눈앞에 보이는 것도 아니다. 그냥 있을 뿐이다.

그럼 저승이 있다면 어떻게 있는가?

이것에 대해서는 좀 더 구체적으로 설명을 해보도록 하겠다. 저승은 비 실체라 했는데, 그렇다면 이 비 실체란 것을 정확히 이해하는 것이 저승을 이해하는 지름길이다. 이 세상에는 개념조차 없는 비 실체는 어떤 말로도 설명이 안 되므로, 차라리 예를 들어 말하는 것이 이해가 빠를 것이다.

비 실체를 이해하기 위해서, 실체라는 것을 먼저 알 필요가 있다.

비 실체는 설명이 안 되니, 설명이 가능한 실체를 먼저 규명하고 그 실체를 빼 버리면 남는 것이 비 실체가 된다.

우선 형태가 있는 모든 것은 실체라 한다.

형태가 정해져 있지는 않고 수시로 변하는 것도 실체라 한다.

형태가 없는 것도 그것의 자리가 있으면 실체라 한다.

형태도 없고 그것의 자리도 없지만 실체로부터 비롯된 모든 것도 실체라 한다.

즉 쉽게 말하면 이 세상에 있는 모든 것은 실체라는 말이다.

모든 사물뿐만이 아니라, 우리가 생각하는 모든 것, 상상 속에 있는 모든 것, 형태가 있든 없든 관계없이 우리가 아는 모든 것은 실체라는 말이다. 명확하진 않지만 이 세상에 개념이라도 있으면 그것은 실체라는 말이다.

사랑이 뭔지 아는가? 안다면 그것은 실체다.

행복, 또는 불행이 뭔지 아는가? 안다면 그것은 실체다.

생각이 뭔지 아는가? 안다면 생각도 실체다.

귀신이 뭔지 아는가? 안다면 그것은 실체다.

지옥이 뭔지 아는가? 안다면 그것은 실체다.

추위, 더위, 아픔, 고통이 무엇인지 아는가? 안다면 그것은 실체다.

예쁜 여자를 보면 사랑을 나누고 싶다는 마음이 있는가? 있다면 그 마음도 실체다.

어떤 사람은 이렇게 말한다.

"나는 신도 알고, 영혼도 알고, 저승도 아는데, 그럼 그것들도 실체겠네?"

그것은 다르다.

어떻게 다른지 설명을 하겠다.

춥다, 덥다, 뜨겁다, 아프다 등은 실재하는 것이다. 있는 것이란 얘기다.

행복, 불행, 사랑, 지옥, 욕심, 미움, 화냄, 슬픔 등은 한정된 어떤 상황을 설명하는 말이다. 즉 어떤 것을 행복이라고 하는지, 어떨 때 화를 내는지, 미움 이란 어떤 마음 상태를 말하는지, 우리가 실제로 알고 설명이 가능한 개념들이다.

그러나 신, 저승, 영혼, 그런 것은 말만 들었지 실제로 뭔지 규명할 수는 없는 것들이다. 지옥이 뭐냐고 물으면 대답할 수 있다. 죄 지은 사람이 죽으면 가서 벌 받는 곳. 어떤 벌? 거기에 대해서는 사람에 따라서, 종교에 따라서 달라진다. 어쨌든 설명을 할 수 있고, 알고 있다.

그러나 신이 뭐냐고 물으면 우리는 대답을 할 수가 없다.

누가 뭐라고 대답할 수는 있어도, 그것이 맞다 아니다, 반박할 수가 없다. 모르기 때문이다. 실체가 아니기 때문이다.

누가 슬픔이 뭐냐고 물었다.

어떤 사람이 맛있는 것을 먹으면 느끼는 그것이 슬픔이라고 대답했다.

우리는 그 사람이 틀린 대답을 했다는 것을 안다. 왜냐하면 슬픔이 뭔지 알기 때문이다. 슬픔은 실체이기 때문이다. 이처럼 비 실체처럼 보이는 실체와 진짜 비 실체는 구분이 된다. 조금만 지혜로워지면 그것은 알 수가 있다.

누가 신이 뭐냐고 물었다.

"신? 신이지요. 남자고요, 사람 닮았어요. 그리고 전지전능해요. 내가 봤어요. 진짜라니까요."

누군가 이렇게 말한다면 아니라고 반박할 수 있을까?

"아닌 거 같은데요."

"그래요? 그럼 신이 어떤 건지 당신이 말해 봐요."

"몰라요, 모르지만 그건 아닌 것 같아요."

너도 모르고 나도 모르니 내가 맞다고 우기면 이긴다.

이러니 허구한 날 싸우게 되는 것이다.

영혼? 사람의 정신이나 그 비슷한 거 아닌가요?

저승? 죽은 사람이 가는 곳 아닌가요?

우리 인간들이 만들어 놓은 '죽은 사람이 가는 곳'은 따로 있다.

천국, 지옥 그런 게 있다면 그리로 가는 게 맞다. 그러나 그런 것들은 우리가 만든, 우리 머릿속에 있는 저승이다.

내가 말했다. 우리들의 머릿속에 있는 것은 실체라고.

실체는 그것이 무엇이 되었든 저승에는 존재할 수가 없다. 그래서 저승은 비 실체의 세상이라고 했다.

어떤 사람은 암에 걸려서 끔직한 고통을 겪었다.

그 사람은 늘 걱정이다. 죽는 건 괜찮은데 죽어서도 그 고통을 느낄까 봐. 고통은 실체다. 저승으로 가져가고 싶어도 못 가져간다.

어떤 사람은 누명을 쓰고 끌려가 혹독한 고문을 당하고 죽었다.

그 사람은 이빨을 갈았다. 죽어서도 네 놈들에게 복수를 하겠다고. 그러나 그 복수심은 실체다. 실체는 저승으로 가는 순간 존재하지 않는다.

어떤 사람은 말한다. "믿지 않으면 지옥 갑니다. 뜨거운 불에 영원히 고통 받을 겁니다."

그러나 지옥은 실체다. 불도 실체다. 실체는 저승에 없다.

사고로 갑자기 죽게 된 어떤 사람은 아이들과 아내 생각에 슬퍼했다.

하지만 슬픔은 실체다. 가지고 가고 싶어도 저승으로는 못 가져간다.

죽도록 사랑하는 사람과 맺어지지 못함을 비관해 자살한 사람도 있다.

그러나 사랑은 실체다. 그리고 생각의 일부다. 당신의 머리는 저승에 못 가져간다. 머릿속에 든 사랑도 저승에서는 존재할 수가 없다.

자, 그럼 위에서 나열한 것들을 다 빼고 나면 무엇이 남을까?

물질은 다 빼고.

생각도 다 빼고.

상상도 다 빼고,

감정도 다 빼고.

도대체 뭐가 남을까? 아무것도 남는 게 없다.

그런데도 저승은 있다?

뭐가 있을까?

물질 존재인 인간의 능력으로는 알 수가 없다. 비 실체에 대한 것은 어떠한 설명도, 정립된 개념도 없다. 그것은 그냥 없다, 그러면서도 있다. 저승은 그런 것이다.

지옥, 고통, 슬픔, 기쁨, 원한, 미움, 사랑조차도 저승에는 없다. 존재의 바다 속에 존재의 하나로 그냥 있을 뿐이다.

굳이 하나를 유추해 보자면 이런 것이 있을 수 있다.

세상을 살면서 가슴으로 느끼는 그 무엇.

가슴으로 생각을 할 수는 없다. 상상을 할 수도 없다. 그것은 두뇌가 하는 일이다. 그러나 생각을 안 한다고 아무것도 없다고는 할 수 없다. 살면서 가슴을 쿵 하고 치는 일이 얼마나 많은가? 알 수 없는 무언가에, 혹은 이 세상에 존재한다는 사실에 가슴이 설레기도 한다.

그런 것은 생각도 아니고, 상상도 아니다.

저승에서 존재 자체로 있다는 것이 바로 그런 것이다.

편안함과 가슴 설렘, 그리고 이유 없는 기쁨.

그것만이 비 실체의 세상, 저승에 있는 유일한 것이다.

납득이 되었든 되지 않았든, 이제 저승에 대해 말로 할 수 있는 설명은 다 했다.

그런데도 우리는 두려워한다. 모르기 때문이다.

요즘은 과학이 많이 발전했다, 필요 이상으로.

몸은 수명을 다하면 스스로 숨을 거둔다. 더 이상 이 세상에서는 할 일이 없다는 것을 알기 때문이다. 몸에서 기운이 빠져나가고 이 세상 일이 꿈속같이 몽롱해진다. 살아 있으면서도 삶이 아련해지는 것이다. 그러면 왜 그리도 아등바등 악을 쓰며 살았을까, 웃음이 나온다. 그 모든 것이 부질없음을 알게 되고 한번 허허 웃는다. 이제 갈 때가 된 것이다.

그런데 너무 발달된 과학이 못 가게 붙잡는다.

강제로 숨을 쉬게 만들고, 영양제를 투입하고, 자꾸만 붙잡는다. 살아 온 삶들이 부질없다고 웃는 사람에게 기운이 다 빠져 나간 몸으로 조금 더 연명하는 것이 의미가 있을까? 그것이 진심으로 그 사람의 행복을 위해 하는 짓일까? 아니면 그게 효도라고 생각하는 걸까?

가는 사람 잡는 척도 하지 않고 보내는 것이 너무 인정머리 없어 보여 그러는 것일까? 어떤 이유에서든 그 사람에게 너무 잔인한 짓이다. 돈 들여서 사랑하는 사람을 고문하는 짓은 안 했으면 하는 바람에서 해보는 말이다.

그나마 죽을힘이라도 남아 있을 때 죽는 게 낫지 않을까? 돌아누울 힘도 없는 육신을, 말할 기운도 없는 육신을 붙잡고 강제로 숨을 쉬게 한다? 죽지도 못하게 한다? 그걸 보고 옆에서는 "참으로 효자로다."라고 한다. 답답한 일이다.

때가 되면 보내 주는 것이 순리다.

"그쪽 방이 훨씬 따뜻하고 편안합니다. 가서 편안히 쉬세요." 하고.

왜 하루 세끼를 먹도록 만들어졌을까?

아침 먹고 돌아서면 점심이고, 점심 먹고 돌아서면 저녁이다.

어떻게 보면 먹는 일이 인생살이의 절반은 될 정도로, 삶은 곧 먹는 것이다.

신이 인간을 만들 때, 왜 이렇게 귀찮을 정도로 자주 먹게 만들었을까? 거북이는 한 번 먹으면 일 년을 안 먹고 산다는데, 설마 똑똑한 신이 실수를 한 걸까?

요즘은 많이 달라졌지만 80년대만 해도 군 생활은 끔찍했다. 물론 그 이전에는 말할 것도 없겠지만. 하여간 그때는 사람을 잠시도 가만두지를 않았다. 아침 6시에 기상하면 그때부터 훈련이다, 작업이다 뺑뺑이를 돌렸다. 별 해괴한 이유를 대며 기합과 구타가 계속되었다.

신발이 똑바로 안 놓여 있다, 침구에 각이 안 잡혀 있다, 관물대에 보관된 속옷이 약간 흐트러져 있다, 흰 장갑을 끼고 창틀을 훑었더니 먼지가 묻었다, 상관이 훈시하는데 눈알을 돌렸다, 이유는 끝이 없었다.

높은 분이 와서 '아픈 사람 없냐?'고 묻는데 순진하게 손들었다가는 죽도록 맞는다. 그리고 다시 묻는다. "아직도 아픕니까?" "아닙니다, 전혀 안 아픕니다!" 그래서 군대에서는 낫지 않는 병이 없다는 말이 생겼다.

큰 소리로 대답하면 반항한다고 때리고, 작은 소리로 대답하면 속삭이냐고 때렸다. 일요일에도 쉬면 군기가 빠진다고 삽질을 시켰다. 연병장 왼쪽이 좀 높은 것 같으니 파서 오른쪽을 메우라고 한다. 그 넓은 연병장을 오전 내내 파서 메워 놓으면, 아닌 것 같으니 원위치하라고 한다. 그러면 다시 삽질, 삽질, 삽질…….

그 당시에는 정말 끔찍하고 괴로웠다. 그 지옥을 벗어날 수 있다면 무슨 짓이든 할 것 같았다. 제대한 후에도 가끔 다시 군대 끌려가는 꿈을 꾸며 식은땀을 흘리기도 한다.

그런데 인생사 참으로 재미있는 것이, 그렇게 괴로웠던 시간이, 지나고 나면 추억이 된다는 것이다. 남자들끼리 만나면 군대 얘기를 제일 많이 하고, 제일 재미있어 한다. 군대 생활을 편하게 했던 사람들은 아예 이 얘기판에 끼지도 못한다.

우리들의 삶 역시 마찬가지다. 우리의 기억에 남는 것은 편안하고 단조로운 삶이 아니다. 힘들었던 일, 괴로웠던 일, 아프고 서러웠던 일들만이 가슴에 남아 있다. 우리의 전지전능한 신은 이것을 미리 알고, 우리의 삶을 뺑뺑이 돌리고 있는 것이다. 그래야 한 세상 살고 나면 뭔가 남는 게 있을 테니까.

그렇다고 신이 군대 조교처럼 인간의 뒤를 졸졸 따라다니며 얼차려를 하고 삽질을 시킬 수는 없는 일이다. 그래서 가만히 놔둬도 쌔빠지게 뛸 수밖에 없도록 여러 가지 장치를 만들어 놓았다. 인연의 굴레, 욕심, 한정된 자원, 유한한 시간 등등. 그 모든 것이 인간을 전전긍긍하게 만든다.

그리고 그 중의 하나가, 세끼를 먹지 않으면 배가 고파지고 한두 달 먹지 않으면 죽도록 한 것이다.

만약 우리가 일 년에 한 번만 먹어도 된다면 아마 대부분의 인간들은 드러누워 빈둥거리고 있을 것이다.

"먹어야 하느니라, 먹지 않으면 죽느니라."

낄낄거리며 웃고 있는 신의 흰 이빨이 훤히 보인다.

그래도 돌아갈 곳은 집뿐이다

집안에 있는 사람은 집밖이 자유로워 보인다.
집밖에 있는 사람은 집안이 따뜻하고 편안해 보인다.

이것이 우리 인간의 숙명이다.
언제나 내게 없는 것을 원하고 가지고 싶어 하는 것.
그로 인해 모든 일이 생기고 또한 없어진다.
태어나는 순간, 죽음을 향해 첫발을 떼게 되듯이, 뭔가를 가지는 순간, 그것으로부터 벗어나려고 발버둥치는 것, 그것이 숙명이다.

인간의 근본인 영혼은 머물러 있을 수가 없다.
언제나 흘러가야 한다. 그래서 언제나 내게 있는 것으로부터 떠나야 하고, 떠나려 한다. 그리고 언제나 내게 없는 것을 찾고, 그것을 향해 간다. 우리는 자면서도 깨어 있으면서도, 잠시도 쉴 틈 없이 죽음을 향해 가고 있다. 이 세상에서 내게 없는 것은 오직 죽음이다.

영혼은 언제나 내게 있는 것으로부터 내게 없는 것으로 간다. 이 세상에 있을 때는 저 세상을 향해 가고, 저 세상에서는 이 세상을 향해 온다. 영혼은 무한히 자유로운 존재라 누차 말했다. 그것은 진실이다. 그 어떤 것도 영혼이 하는 일에 간섭할 수는 없다.

그러나 그 영혼도 진리에서는 벗어날 수가 없다.

진리란 무엇을 어떻게 하더라도 결국은 그렇게밖에 안 되는 것이라 했다.

오면 가야 하고, 가면 올 수밖에 없는 순환의 진리, 그 순환의 진리에 따라 영혼은 무한히 윤회한다. 그 순환의 과정에서 영혼은 많은 습을 만들게 된다. 그리고 그 습 때문에 이 세상의 삶이 힘들어지면 쉬러 간다고 했다. 해탈의 경지로 들어가 긴 잠을 잔다. 영혼에 남아 있는 모든 습이 완전히 지워질 때까지 윤회를 중단한다.

그것이 영혼으로서의 '쉼'이다.

마찬가지로 이 세상의 삶도 고단하기는 다를 바가 없다.

몸을 가진 인간도 쉼이 필요하다. 바로 집이 있는 이유다.

집을 다만 비바람을 막아주는 울타리로 생각하는데, 그렇지 않다. 집은 내 가족을 뜻한다. 나를 낳아준 부모, 아내, 남편, 그리고 아이들, 이 세상에서 나를 가장 잘 알고 잘 이해해 주는 사람들, 나를 위해 진심으로 울어주는 사람들, 그들이 있어야 비로소 집이 된다. 그들 속에 같이 있어야 편안하게 쉴 수가 있다.

그런데 요즘 세상은 집의 가치가 땅 바닥에 떨어져 밟히고 있다.

생활수준이 높을수록, 물질적으로 풍족할수록 집의 가치는 떨어진다. 전 세계 모든 국가들을 상대로 국민 행복도를 조사해 발표한 것을 본 적이 있다. 방글라데시를 비롯해 가장 가난한 나라 사람들이 느끼는 행복도가 더 높게 나왔다. 왜 그럴까?

그들이 가진 것은 집밖에 없다. 가족밖에 없다는 뜻이다. 그들은 항상 집으로 돌아간다. 모든 가족이 모여 보잘 것 없는 음식을 서로 나누어 먹는다. 서로의 배고픔을 아는 까닭에 내 것을 덜어 줄 줄 아는 사람들, 그들에게는 가족이 전부다. 밖에 나가서 조금의 돈이라도 벌게 되면 기쁜 마음으로 가족들에게 간다. 그 조금의 돈이 가족들을 행복하게 만든다는 것을 알기 때문이다.

과거 우리도 몹시 가난했던 시절이 있었다.

한푼이라도 더 벌기 위해서 다른 도시로, 또는 다른 나라로 떠났다. 그때 우리들의 꿈은 오직 하나였다. 아무리 고생을 하고, 남에게 인간 이하의 취급을 받더라도, 남은 가족을 행복하게 해주겠다는 것이었다. 그때 그 시절의 집은 쉴 수 있는 곳이었다. 밖에서 아무리 힘들고 괴로워도 집에만 가면 편안했다. 집은 그리운 곳이었고, 돌아가고 싶은 곳이었다.

그러나 많은 사람들이 집으로 돌아가지 못하고 타향에서, 타국에서 죽었다. 집으로 돌아가는 꿈을 가슴에 간직한 채.

지금 우리는 어떤가?

당신의 집은 편안히 쉴 수 있는 곳인가? 언제나 집으로 돌아갈 수 있다는 생각에 가슴이 설레는가? 가족들 속에 편안히 누워 있으면 모든 것을 잊고 편안히 쉴 수 있는가? 지금의 시대는 점점 집이 없어져 가고 있다. 돌아갈 곳이 없는 것이다. 남편, 아내, 아이들 모두 돌아갈 곳을 잃고 방황한다.

원하는 것이 많으니 갈 곳도 많다. 늘 바쁘다. 집에 가도 모두들 바쁘니 쳐다보는 사람도 없다. 가족이 있지만, 가족이 없다. 가족이 없는 집은 휑하니 비어 있다. 무슨 신명이 나겠는가?

부족한 내 밥을 덜어, 내 새끼 밥 한술 더 먹이는 기쁨이 지금은 없다. 못 먹고 못 입어 초라한 모습에 보기만 해도 가슴이 짠하던 그런 애절한 마음도 없다.

더 맛있는 것, 더 비싼 옷을 못 입어 짜증내는 가족들 사이에서 편안한 쉼은 없다. 차라리 빨리 나가서 한푼이라도 더 벌어 원하는 것 하나 더 사 주는 걸 바란다. 그러니 집에 편히 있기는 힘들다. 눈치가 보인다.

아내들과 아이들도 마찬가지다.

"다른 여자들은 돈도 잘 버는데 당신은 뭐해? 집에서 놀기만 하고."

"다른 애들은 공부도 잘하는데 너는 뭐하니?"

이런 말을 듣는 집은 집이 아니라 지옥이다.

이미 우리는 여기까지 와 버렸다. 이제 다시 돌아갈 수는 없다.

집보다 집밖이 더 편한 사람들이 많다. 집을 두고 길바닥을 헤매는 사람들이 많다. 우리는 집에서 많이 멀어져 있고, 점점 더 멀어져 가고 있다. 그런데 그럼에도 불구하고 우리가 마지막 돌아갈 곳은 집밖에 없다. 헤어날 수 없는 고난에 빠졌을 때, 마지막으로 죽음 앞에 섰을 때, 우리는 집을 생각하게 되고 가족을 떠올린다.

그리고 한마디 하게 된다.

"미안하다."

왜 옆에 있을 때 조금이라도 더 잘해 주지 못했을까?

왜 편안하게 쉬게 해주지 못했을까?

잠시라도 모든 걸 내려놓고 편안히 쉬고 싶었을 텐데, 왜 달달 볶아 대었을까?

왜 집밖으로 내몰았을까?

"미안하다, 미안하다, 미안하다."

자살이라는 것에 대하여

삶과 죽음은 늘 우리 곁에 같이 있다.

다만 삶과는 달리 죽음은 그것이 내 앞에 다가오기 전까지는 나와는 관계가 없는 것이라 여길 뿐이다. 그러나 삶과 마찬가지로 죽음 또한 늘 당신의 옆에 있다.

애써 부정하려 할 필요는 없다. 두려워할 필요는 더욱 없고. 아무리 죽음이 당신 옆에 있어도 당신의 허락이 없이는 당신을 해할 수가 없기 때문이다.

가끔 우리는 자살이라는 방법으로 이 세상을 떠나는 사람들을 보게 된다. 그리고 이런 말을 듣는다. 멀쩡하게 잘살던 사람이 어느 날 갑자기 죽었다고. 과연 그럴까?

모두들 알고 있는 것처럼 순간적인 충동을 못 이겨, 또는 즉흥적으로 자살한다고 생각하는가? 천만의 말씀이다. 죽는 것이 그리 쉽다면 아마 이 세상 인구는 지금의 절반도 남아 있지 않을 것이다. 맨 꼭대기의 대통령부터 맨 밑바닥의 노숙자들까지, 모두에게 물어 보라. 죽고 싶다는 생각 한 번도 안 해 본 사람이 있는지.

모두들 살면서 "에이 씨, 콱 그냥!"이라고 하지만, 그들 대부분은 멀쩡히 잘살고 있다. 왜냐하면 스스로 죽음을 허락하지 않았기 때문이다. 내가 허락하지 않는 한, 죽음은 나를 침범할 수가 없다. 죽는 것은 사는 것보다 훨씬 더 어렵다.

절대 순간적인 충동이 아니다.

스스로 자신을 죽이기까지 긴 시간 엄청나게 많은 고민을 한다.

그리고 죽음의 구렁텅이로 빠져 들어가는 자신을 구해 달라고 주위의 모든 사람에게 가슴으로, 눈으로, 애타게 호소한다. 가족들에게, 친구들에게, 친척, 이웃들에게, 눈곱만큼이라도 기댈 언덕이 되는 모든 사람들을 애타게 쳐다보며 자기를 구해 주길 호소한다.

풀뿌리라도, 나무뿌리라도, 지푸라기라도 잡으려 허우적거린다.

그러나 유감스럽게도 아무도 그것을 보지 못 한다.

사람은 눈이 있어 모든 것을 다 보고, 귀가 있어 모든 걸 다 들을 것 같지만, 아니다. 모든 것이 다 보여도 그 중에서 내가 보고 싶은 것만 보고, 모든 것이 다 들리지만 그 중에서 내가 필요한 것만 듣는다.

우리는 대부분의 것을 귀담아듣지 않고, 대부분의 것을 건성으로 본다. 내 아이가, 또는 내 부모가 애타게 호소하지만 우리는 그것을 그냥 지나친다. 오히려 또 쓸데없는 소리한다, 또 저러고 궁상을 떨고 있다고 핀잔을 준다.

내가 믿었던 모든 사람들, 내가 희망을 걸고 알아주길 기대했던 모든 사람들이 단 한 사람도 내 손을 잡아 주지 않고, 내 마음을 알아주지 않고, 마지막 붙잡을 지푸라기 한 올마저 없을 때, 그들은 이 세상을 떠난다. 절망으로 꽉 찬 가슴을 안고.

그때서야 사람들은 눈을 뜨고 가슴을 연다. 그 눈이 말하려고 했던 것을, 그 행동들이 소리 없는 절규였음을 알게 된다.

하기 쉬운 말이라고 함부로 하지 마라.

순간적인 충동이라고, 멀쩡하던 사람이 갑자기 죽었다고.

그들이 얼마나 살고 싶었는지, 그들이 얼마나 간절하게 살려 달라고 호소했는지, 미련한 당신이 몰랐을 뿐이다.

사람의 생각에는 두 종류가 있다.

하나는 자기가 만들어서 하는 생각이고, 또 하나는 자신과 관계없이 저 혼자 들어오는 생각이다. 모든 생각은 내가 한다고 착각하고 있지만 그 생각들 중 많은 부분은 내 의사와 관계없이 저 혼자 불쑥불쑥 찾아오는 것이다.

이런저런 생각이 바람이 스치듯 수시로 왔다가 또 지나간다.

반면에 내가 스스로 만들어서 하는 생각도 있다.

이렇게 내가 하는 생각에는 두 가지밖에 없다.

하나는 욕심이고, 또 하나는 두려움이다.

저 두 가지는 인간을 나약하게 만들고 스스로 파괴하게 만드는 가장 안 좋은 것이다. 저 생각들을 통제할 수 있다면 당신은 신선과 다름없는 삶을 살게 될 것이다. 그리고 통제하지 못하고 그 생각에 끌려 다니면 당신은 자살을 하게 된다.

당신의 뇌가 당신을 죽인다는 말이다.

아이는 키우는 것이 아니다

우리는 이 세상에 올 때, 몸을 움직이게 만드는 엔진으로 아주 용량이 큰 고성능 슈퍼컴퓨터를 머리에 달고 온다. 그 컴퓨터에는 기본 사양으로 엄청난 양의 칩이 장착되어 있다.

우선 본능, 이 세상에 와서 누가 가르치지 않아도 알 수 있도록 미리 입력이 되어서 온다. 위험을 본능적으로 간파하는 방법, 종족 번식을 위한 성욕 등 생존을 위해 필요한 것들이다.

또한 운명을 따라가도록 설계된 개개인의 타고난 업이 있다.

그 외에도 우리가 알고 있는 많은 것, 그리고 우리가 상상도 못하는 많은 것, 또 이 세상에 맞게 적응해 나가도록 많은 지식을 습득하기 위해 만들어진 빈 공간, 뭐라고 설명해도 충분할 수는 없지만 어쨌든 우리의 두뇌는 이런저런 이유로 이 세상을 다 집어넣고도 남을 만큼 큰 용량으로 만들어져 있다.

문제는 거기서 생긴다. 그 큰 용량을 감당할 몸을 만들지 못하는 것이다.

인간이 슈퍼맨에 열광하는 이유다. 어차피 사람은 슈퍼맨이 될 수 없다. 그런데도 머리는 슈퍼맨이 하는 일을 요구한다. 몸이 할 수 있는 일과 머리가 요구하는 일, 그 차이가 크면 클수록 당신은 힘든 삶을 살아야 한다.

반대로 그 차이가 작으면 작을수록 당신이 느끼는 만족은 더 커진다.

그 차이를 적게 만드는 방법은, 머리의 빈 공간에 욕심을 덜 채우면 된다. 그렇다면 그 욕심은 언제 어떻게 머리에 채워지게 되는가?

참으로 어처구니없게도 어린 시절, 아이의 머릿속에 욕심을 잔뜩 집어넣는 사람이 바로 그 아이가 가장 행복하길 바라는 부모라는 것이다. 아이가 이 세상에 태어날 때는 기본적인 본능만 가지고 있고, 나머지 뇌 공간은 비어 있다. 그 빈 공간에 뭘 집어넣을지는 오로지 그 부모한테 달렸다.

그 순수한 뇌에 사랑과 행복 같은 것을 집어넣으면 얼마나 좋으랴마는 우리는 자신의 욕심을 그대로 아이의 머릿속에 밀어 넣는다. 아이가 태어난 후, 맨 처음 머릿속에 들어가는 말은 대개 이렇다.

"어, 그놈 잘 생겼다. 이놈 아주 크게 되겠는데."

"이놈 아주 똑똑하게 생겼는데 나중에 박사가 되려나."

부모의 욕심이다. 태어나자마자 맨 먼저 부담을 한 짐 지워 준다.

"너는 잘생겨야 돼."

"너는 똑똑해야 돼."

"너는 박사가 되어야 해."

두뇌의 기본적인 그림이 만들어지는 것은 네 살이 되기 이전이다. 모든 기본 개념의 세팅이 스스로 아무 생각도 하지 않는 그때 만들어지는 것이다. 네 살 이후에는 세팅된 것을 기본으로 반응을 하기 시작한다. 그때부터는 뇌가 아무것이나 받아들이는 것이 아니라 머리에 만들어진 기본 개념을 바탕으로 판단을 해 나가는 것이라는 말이다. '싫어.'라는 말을 그때부터 하는 것이다.

바둑을 두는 집안에는 바둑 천재들이 많고, 음악을 하는 집에는 음악가가 많이 나온다. 기타 뭔가를 잘하는 특기가 있는 집안에는 그쪽으로 잘 하는 아이가 나온다.

왜 그럴까? 핏줄이 그렇다고? 천만의 말씀이다.

바로 아무것도 모르고 누워서 버둥거리는 아이의 뇌에 그것이 세팅되기 때문이다. 음악이, 바둑을 두는 소리가, 책 읽는 소리가, 기타 모든 소리가…….

성격이 사나운 부모가 싸우는 소리는 어떨까?

남을 원망하고 탓하는 소리는 어떨까?

아이를 쳐다보며 괜히 낳았다고 말하는 부모의 목소리는 아이의 두뇌에 뭘 새겨 놓을까? 술 취한 아버지에게 맞은 엄마의 울음소리는 어떨까?

'어린아이가 뭘 알겠어?'라고 생각하는가? 물론 모른다. 다만 그 뇌는 그것을 깊이 새겨두고 죽을 때까지 반응을 한다. 아이는 부모를 닮는다. 왜 닮는지 이제 알겠는가?

그 아이의 두뇌를 그 부모가 만들기 때문이다.

그래서 부모가 하는 짓을 아이도 그대로 하는 것이다.

한때 왕따 문제가 심각했는데, 이러한 왕따는 왜 생길까?

주위에 있는 아이들이 모두 나쁜 아이들이라서?

아니다. 이 세상에 나쁜 아이는 없다.

가끔 왕따를 당하는 아이의 부모로부터 어떻게 하면 좋으냐는 질문을 받는데, 미안하지만 답이 없다. 이미 그렇게 만들어져 버린 걸 지금 와서 바꿀 수는 없다. 뇌를 바꿀 수는 없다는 말이다. 왕따가 된 아이를 거기에서 꺼내기는 참으로 어렵지만 왕따 만드는 방법은 쉽다.

어릴 때부터 이 말만 하면 된다.

"넌 다른 애들이랑 달라."

"넌 특별해."

"넌 크게 될 아이야."

"아무 하고나 어울리지 말고 잘 가려서 사귀어라."

저 네 마디만 반복해서 들려주면 된다. 어리면 어릴수록 그 효과는 더 크다. 깨끗한 두뇌에 아주 선명하게 각인이 된다. 유치원, 초등학교, 중학교, 여러 아이들이 모이는 곳에 가면 자기도 모르게 머리에 새겨진 것이 행동으로 나온다. 남들과 다르고, 특별하고, 크게 될 아이의 행동이 어떨 것 같은가?

자기도 모르게 다른 아이들을 무시하게 되고, 뭐나 된 것처럼 행동하게 된다. 자기는 그런 행동이 당연하다. 그리고 자기가 무슨 짓을 하는지 모른다.

이런 아이들은 말한다.

"난 아무 짓도 안 했는데 얘들이 날 따돌려요."

아이들은 흔히 그런 아이들을 보고 "재수 없어."라고 한다.

만약 당신 아이가 다니는 반에 저런 애가 한 명 있으면 어떻겠는가? 지가 뭐나 되는 것처럼 행동하고 아이들을 우습게 안다면, 어른들이 봐도 재수 없는데 아이들은 오죽 하겠는가? 순수한 아이들이 봤을 땐 더 재수가 없을 것이다.

부모의 욕심이 머리에 새겨진 아이는 이후에 더 큰 문제를 일으킨다. 유치원, 초등학교 때는 잘 모른다고 해도 중학생, 고등학생이 되면 알게 된다.

부모가 '넌 특별해, 크게 될 거야.' 한다고 그 아이가 그리 되는가?

특별한 업, 크게 될 업을 타고나지 않았는데 부모는 그렇게 되기를 바라고, 나름 열심히 한다고 해봐도 되지 않고, 될 것 같지도 않고, 그때부터 슬슬 좌절하기 시작한다. 부모는 열심히 안 한다고 성화를 해 대고, 아이들은 왕따를 시키고.

가여운 녀석들이다. 바보 같은 어른들 때문에 고통을 당하는…….

욕심은 왔다가 사라지는 것이 아니다.

내가 붙들고 매달리는 것이기 때문에 없어지지를 않는다. 그런 것들의 특징은 반복할수록 풍선처럼 부풀어 오른다는 것이다. 뻥 터질 때까지.

놓아 버리지도 못한다. 지금 있는 것으로도 만족을 못 하는데 그것을 버린다? 꿈도 못 꿀 일이다. 욕심은 그렇게 무서운 것이다. 사람을 죽을 때까지 힘들게 만든다.

당신의 아이가 행복하길 바라는가?

그렇다면 그 아이를 키우려고 하지 마라.

아이는 키우는 게 아니다. 스스로 클 뿐이다.

당신이 키우려 한다고 그렇게 크지도 않는다. 다만 아이의 머릿속에 욕심만 잔뜩 심어줄 뿐이다. 그냥 내버려 두어라. 그 결과로 내 아이가 남들보다 가난하게 살게 될 수는 있다. 그렇다고 그게 불행한 것은 아니다.

다른 사람에게 감동을 주는 삶은 잘 먹고 잘사는 삶이 아니다.

감동의 다큐멘터리 프로그램을 보면 알 것이다. 거기에는 가난하고 힘든 삶을 사는 사람들이 나온다. 그 고된 삶을 견디며 보이지 않는 꿈과 희망을 찾아 앞으로 나아가는 삶에서 우리는 감동을 받는다.

부자가 될 아이는 가만히 두어도 부자가 된다.

가난하게 살게 될 아이는 부모가 아무리 들볶아도 가난해진다.

그냥 편하게 두길 바란다. 당신이 할 수 있는 일은 미안하지만 아무것도 없다.

헛간에 가서 계란을 품고 엎드려 있어도 그냥 두는 것이 좋다. 가난하지만 가족들과 웃으며 살기를 바란다면, 제발 가만히 두길 바란다.

사람을 힘들게 하는 것은 욕심 말고도 두려움이 있다.

사람이 어떤 일을 하기 전에는, 수없이 많은 생각을 하게 된다.

어떤 일을 해야겠다고 생각을 하면 그때부터 머릿속은 그 생각으로 꽉 찬다. 그리고 수없이 반복해서 생각하면서 막연하던 그 일을 점점 더 구체화시킨다. 구체화된 것을 머릿속으로 가상 운영을 하면서 잘못된 점, 미비한 점 등을 보완해 점점 더 구체적으로 만들어 간다.

그리고 그것이 점점 더 확실해져 가면 이것저것 준비를 시작한다. 더 이상 가상의 것이 아니라 실체화되어서 당신의 눈앞에 모습을 드러내는 것이다.

여기서부터 또 하나의 문제가 생긴다.

바로 두려움이라는 것이 생기는 것이다.

막연하던 생각을 구체화시키고 머릿속으로 수없이 가상 운영을 하면서 실체화되기까지는 그 생각에 여념이 없어 두려움이라는 생각이 끼어들 여지가 없었지만, 그 생각이 실체화되어 눈앞에 모습을 드러내면 '혹시 이거 안 되면 어쩌나.' 하는 두려움이 생기는 것이다. 이 두려움이라는 생각 역시 반복하면 할수록 구체화되어 간다. 그리고 가상 운영 과정에서는 별것 아니었던 작은 문제들이 생각을 반복하면서 점점 더 커지고 그것 역시 구체화되어 간다.

이것을 빨리 털어 버려야 하는데 그게 잘 되지 않는다.

묘하게도 욕심과 두려움이라는 두 가지 생각은 내가 매달리는 특성이 있다.

그게 뭐 좋은 거라고 붙들고 놓지를 못하는 것이다.

이 두려움을 빨리 털어버리고 극복해야 하는데 그렇지 못하면, 이것은 일과 마찬가지로 생각을 반복할수록 구체화되고 결국에 현실이 되어 당신의 눈앞에 나타난다. '망하면 어쩌나.' 하고 반복해서 생각하면, 점점 더 망한 뒤의 모습이 구체화되어 당신의 머리에 새겨지고 그 생각에서 헤어나지 못하면 그것은 틀림없이 현실이 되어 당신을 찾아온다.

욕심을 멀리하라. 욕심이 없으면 두려움도 없어진다.

그 두 가지는 붙어 다닌다. 그러지 않으면 당신은 당신이 두려워하는 그 모습 그대로 살게 될 것이고, 견디지 못 하는 사람은 자살을 하게 된다.

아이를 키우려고 하지 마라.

아이를 당신의 도구로 쓰려고 하지 마라.

사람을 도구로 쓸 수 있는 것은 오직 영혼(신) 뿐이다.

크게 대성하는 사람들은 대부분 가난한 집에서 태어난 사람들이다. 가난한 집 부모들은 먹고 살기 바쁘다 보니 아이들을 돌볼 시간이 없다. 이렇게 저렇게 자기 입맛에 맞게 키울 시간이 없는 것이다. 그런 아이는 부모의 간섭 없이 무한대의 상상을 하며 큰다. 못 할 것이 없는 아이로 자라는 것이다.

잘사는 집 아이도 성공을 한다.

그러나 대부분 부모가 정해주는 한도 내에서 성공을 한다.

부모가 간 길을 따라가서 부모의 것을 물려받고, 유지하고, 잘하면 좀 더 키우는 정도이다. 모험을 할 필요도 없고, 부모가 그것을 용인하지도 않는다.

당신이 가난하고 힘들게 살고 있다면 아이를 키우려 하지 마라.

그렇게 키운 아이는 당신과 같은 사람이 된다.

그리고 눈만 마주치면 잔소리 해대는 부모는 더 아이를 망하게 한다.

'저거 키워서 무엇에 쓰냐?'고 열심히 저주하면 아이는 그 말대로 될 것이다.

부디 아이를 키우려 하지 마라. 아이는 스스로 큰다.

그것이 당신이 아이들에게 줄 수 있는 가장 큰 선물이다.

신은 존재한다
그러나 당신이 원하는 그런 신은 없다

신은 존재한다, 분명히.

신이 없다면 '신'이라는 말 자체도 없었을 것이다.

신이 없다고 주장하는 당신도 궁지에 몰리면 신을 찾을 것이고, 사랑하는 것을 빼앗기게 되면 신을 원망할 것이다. 있다고 하는 당신도, 없다고 하는 당신도 알고 있다. 신이 존재함을. 다만 우리는 신을 잘못 알고 있을 뿐이다.

이 땅에 왔다 간 한 위대한 현자는 말했다.

"우상을 만들지 말고, 그것을 섬기지 말라."

신은 모든 것을 합친 전체라는 것을 알기 때문에 한 말이다.

모든 실체와, 비 실체처럼 보이는 실체와, 진정한 비 실체까지 다 포함한 그것. 어떻게 그것을 형상화할 수 있겠는가? 무엇을 어떻게 형상화하더라도 그것은 전체가 아닌 일부다. 그래서 현자는 말했다. 신을 빙자해 어떠한 우상도 만들지 말라고. 당신이 어떠한 형상을 만들더라도 그것은 결코 신의 형상이 아니기 때문이다.

그러나 위대한 현자의 이 진리의 말씀도 미련한 후세 사람들에 의해 엉뚱한 곳으로 방향이 틀어졌다.

우상을 만들지 말라고 했으면 만들지 말아야 했다. 그러나 현자를 너무나 존경하고 사랑하는 사람들은 그 앞에 한마디를 붙이고 말았다. '나 외에는'이라는 한마디. 그래서 위대한 현자의 진리는 비틀어졌다. '나 외에는 우상화하지 말고, 나만 우상화하라.'는 정반대의 뜻으로.

지금 세상은 현자의 뜻과는 달리 우상이 난무하고 서로 자신의 우상만이 신의 형상이라 우기며 싸우고 있다. 마치 '신밖에 없다.' 앞에 '우리'를 붙여 자신의 신 외엔 다 가짜라고 싸우는 것처럼.

존경하는 선각자여, 위대한 현자여!

저들은 자기가 무슨 짓을 하는지도 모르고 있나이다.

인간들이 싸운다고 진리가 변하는 것은 아니다.

여전히 신은 모든 것을 다 합한 전체이고, 다른 것은 없다. 그런데 이 말을 잘못 이해하면 또 다른 엉뚱한 괴물이 만들어질 수 있다. 바로 이런 말이 생기는 것이다.

"그럼, 너도 신이고 나도 신이겠네?"

여러분은 어떻게 생각하는가? 이 말에 동의하는가, 아니면 반대하는가? 모든 것을 다 합한 그것이 신이라면, 그 신 안에 너도 있고 나도 있을테니, 맞다고 해야 되는 것 아닌가?

지금부터 하나의 비유를 하겠다.

여러분이 신인지 아닌지 이 비유를 보고 스스로 판단하기 바란다.

여기 홍길동이라는 사람이 있다. 우리 모두는 그를 홍길동이라 부르고 그렇게 알고 있다. 그런데 그 사람의 어느 부분이 홍길동인가? 머리가 홍길동인가? 가슴이 홍길동인가? 손이, 발이, 어디가?

그렇다, 우리는 그 사람의 어느 한 부분을 보고 홍길동이라 하지 않는다. 누가 그 사람의 손만 놓고 '이게 홍길동이냐?'라고 묻는다면 과연 어떻게 대답해야 할까? 홍길동의 일부임에는 틀림이 없지만 그것을 홍길동이라고 하기에는 무리가 있다.

신이란 존재가 그런 것이다. 모두를 다 합쳐 놓았을 때 신이라는 존재가 되는 것인데, 그 중 하나를 떼어 내어 '이것이 신이냐?'고 묻는다면 글쎄다. 당신이 굳이 답을 원한다면 질문을 이렇게 바꿔라.

"나는 신의 일부입니까?" 또는 "당신은 신의 일부입니까?"

그러면 대답은 확실하다.

"네. 그것은 진리입니다. 당신도 나도 신의 일부입니다."

그렇다면 여기서 우리는 또 하나의 의문과 만나게 된다.

나의 행위는 신의 의지에 따른 것인가, 신의 의지와 관계없이 나의 의지에 따른 것인가? 모든 것은 신 안에 있으니 신의 의지와 상관없다고 할 수는 없다. 그렇다고 내가 한 행위가 신의 의지라고 말하기도 애매하다.

어디까지가 신의 의지이고, 어디까지가 나의 의지일까?

바로 그 점에 대해서 설명을 하려고 한다.

신의 존재, 즉 전체를 유지하는 시스템을 만드는 것은 신의 의지이다. 그러나 그 안에서 일어나는 각각의 행위는 인간의 자유 의지이다.

이 세상과 저 세상을 나누어 놓는 것.

그리고 그 두 세상 사이를 윤회하게 하는 것.

인연의 그물로 서로를 엮어놓는 것.

각자의 운명을 정해 그것을 지킬 수밖에 없게 만드는 것.

이 세상에 인간이 필요한 모든 것을 빠짐없이 준비해 두는 것.

그리고 마지막으로 인간을 이 세상에 오게 만들어 주는 것.

이런 것들은 신의 의지라 할 수 있다.

그러나 이 세상에 온 이후부터는 무엇을 하든 전혀 간섭하지 않는다. 그리고 그 행동의 대가도 오로지 그 사람의 책임이다. 이렇게 말하면 좀 쉽게 이해가 될지도 모르겠다.

엄마는 아이들을 위해 모든 것을 준비해준다.

먹을 것, 입을 것, 가지고 놀 것 등등, 모든 것을 준비해 놓고 아이를 그 방에 데리고 간다. 필요한 건 뭐든지 다 있으니 네 마음대로 가지고 놀라고 한다.

얼마나 좋은가. 필요한 것, 원하는 것, 필요조차 없는 것, 원하지도 않는 것, 그 외 모든 것, 없는 것조차 만들어 낼 수 있는 능력까지, 너무 많아 어디 있는지 찾아 내지 못할 수는 있지만 어쨌든 모든 것은 그 방안에 있다.

아이들은 비명을 지르며 자기가 좋아하는 것을 가지고 마음껏 논다. 이것도 가지고 놀고, 저것도 가지고 놀고, 만들기도 하고, 부수기도 하고, 어울려 놀기도 하고, 싸우기도 하고, 빼앗기도 하고, 뺏기기도 하고, 때리기도 하고, 맞기도 하고, 별짓을 다 하며 노는데, 어떤 아이는 아무것도 하지 않고 엄마만 찾는다.

"엄마, 이거 갖고 놀아요, 저거 갖고 놀아요?"

"이건 나쁜 짓 같은데 해도 돼요, 안 돼요?

"저 아이가 나를 놀리는데, 엄마가 대신 때려주세요."

"엄마, 추워요. 엄마, 더워요."

"엄마, 엄마, 엄마……"

뭐든지 할 수 있게 완벽하게 준비를 해 놓고 거기다 당신을 데려다 놓았다. 그런데 당신은 아무것도 할 생각을 않고 신을 부르고 있다.

"신이시여, 어떻게 해야 하나요?"

"신이시여, 시키는 대로 하겠습니다. 말씀만 하십시오. 왜 아무 말씀 없으십니까? 제가 죄인이라서 그러시옵니까? 제 죄를 사하여 주시고 저를 바른 길로 인도해 주소서."

“신이시여, 저는 어디로 가야 합니까? 신이시여, 신이시여, 저 좀 보세요.”

필요한 걸 다 주고 마음대로 하라고 했는데, 아무것도 하지 않고, 또는 조금 하다 말고, 신만 부르고 있다. 내 생각엔 신도 열 받을 것 같은데 여러분 생각은 어떤가? ‘설마 신이 열 받겠어?’라고 생각되면 열심히 신을 부르고 앉아 있어라.

신도 열 받겠단 생각이 들면 신은 그만 찾고, 눈앞에 있는 것을 가지고 열심히 놀기 바란다. 신을 자꾸 불러 열 받게 만들면 당신만 손해니까.

당신을 이 세상에 있게 해준 것까지가 신의 역할이다.

지금부터는 당신 스스로 해야 한다. 옳든 그르든, 먹든 굶든, 기쁘든 슬프든, 뭘 가지고 놀든 그것은 당신의 자유다. 신이 당신의 손을 잡고 이리저리 데리고 다니길 바라는가? 신이 당신에게 할 것과 하지 말 것을 일일이 알려 주길 바라는가? 신이 당신을 대신해 마음에 안 드는 사람을 때려 주길 바라는가? 신이 당신을 대신해 돈 벌어 주길 바라는가?

당신이 신에게 무엇을 바라든, 당신이 원하는 그런 신은 없다. ‘나를 부르지 말고 니 마음대로 하세요.’ 하는 신은 있지만 부르면 달려오는 신은 없다.

지금 신이 자기 대신 속 시원히 말해 줘서 고맙다고 내 등을 두드리고 있다. 말로만 하지 말고 뭐라도 좀 주면 좋을 텐데……. 좀 갖다 주려나? 갖다 줄 리가 없지. 눈치 없기로는 신이 최고니까. 영겁을 살면서도 눈치껏 알아서 뭘 해준 적은 한 번도 없는 신이니까.

그렇다. 신은 우리에게 모든 것을 알아서 하라고 맡겨 두었다.

우리를 이 세상에 있게 한 것이 신이니까, 여기서의 모든 행위도 신의 의지로 보는 게 맞다고 한다면 필자도 더 이상 할 말이 없다. 굳이 그렇게 믿고 싶다면 그 또한 당신의 자유이니 말리고 싶은 생각은 없다. 그러나 신이 그렇게 간섭하는 것은 진리가 아니다. 그렇게 되면 세상 꼴이 어찌 되겠는가?

전지전능한 신이 수많은 사람들의 심부름을 해 주러 다니느라 딸랑 딸랑 소리가 나도록 뛰어다녀야 되지 않겠는가. 오늘은 이 놈 잡아다 패고, 내일은 저 놈 잡아다 패고. 오늘은 이 사람 돈 빼앗아 저 사람 주고, 내일은 저 사람 돈 빼앗아 이 사람 주고. 나는 왜 저 사람보다 적냐고 하면 좀 더 빼앗아 주고. 마음에 드는 여자 있다고 하면 데려다 주고.

"또 뭐? 뭐 더 바라는 거 있으면 직접 말해."

"미운 놈 잡아 물에 집어넣으라고?"

신이 쌩~ 가서 잡아 물에 넣었더니, 이번에는 물에 빠진 놈이 살려 달라고 비네. 그래서 꺼내주었더니, 처음의 그 놈이 다시 집어넣으라네. 집어넣었다 꺼냈다, 집어넣었다 꺼냈다, 그것만 해도 바쁠 텐데, 온갖 놈들이 다 부르니 열 받은 신께서 말씀하시길.

"나는 모르겠다. 너희들 마을대로 해라. 잘못했다고 용서해 달라고 빌지도 마라. 안 빌어도 다 용서해 줄 테니 그냥 알아서 해라. 그냥 부르지만 마라. 머리 아프다."

자, 이제 신은 우리의 삶에 관여하지 않는다는 것을 알았다.

우리는 이 세상에 온 이상, 모든 것을 알아서 해야 한다. 그리고 그 책임 또한 누구에게 전가할 수 없다. 내가 직접 한 행위, 나로 인해 생기는 모든 행위, 그리고 그 결과, 그 모든 것은 오로지 내 것이다. 여기서 의문 하나가 떠오를 것이다. 바로 운명에 대한 얘기다.

운명은 정해져 있고 결코 거기서 벗어날 수가 없다고 했는데, 이제는 자기 마음대로 결정하고 행동하라니 앞뒤가 맞지 않는다.

설명을 하겠다.

업(業)이라는 것이 있다. 업이란 쉽게 말해 그렇게 살 수밖에 없도록 타고나 버리는 것이다. 마치 이것과 같다.

물고기는 물속에서 살아야 하는 업을 타고난다. 이유는 없다. 물고기이기 때문이다. 그러나 넓은 물속 어디로 헤엄쳐 갈지는 선택할 수 있다. 이쪽 물에서 놀지, 저쪽 물에서 놀지는 오로지 물고기 마음이다. 재수 없게 잘못 가서 상어에게 잡아먹힐 수도 있고, 먹이가 많은 풍족한 물로 가서 편하게 살 수도 있다. 선택에 따른 책임은 그 물고기가 진다. 단지 선택할 수 없는 것은 물속에서 살아야 한다는 사실이다.

한 가지 예를 더 들어 보겠다.

신이 물을 보고 네 마음대로 아무데나 흘러가라 했다. 물은 높은 곳, 낮은 곳 가리지 않고 제 마음대로 돌아다닌다. 어떤 사람은 산꼭대기에 있다가 물에 빠져 죽고, 어떤 사람은 산 아래 있어도 멀쩡하다. 어느 날 비행기가 날아가다 갑자기 하늘로 솟아 오른 물로 인해 추락했다. 사람들은 우왕좌왕하게 된다. 언제 어디서 물에 빠져 죽을지 누가 알겠는가?

물이 온 세상을 제 마음대로 흘러 다닌다면 사람도, 짐승도, 나무도, 뭐라도 단 하룬들 편히 살 수 있겠는가? 그렇다고 신이 '여기 이 물은 요만큼 이쪽으로 가고, 저기 저 물은 요만큼 저쪽으로 가라.' 하고 따라다니며 교통정리를 할 수도 없다. 그래서 전지전능하신 신이 고민하다 해결책을 만들었다.

물에게 '네 마음대로 흘러가라.' 하고 놓아 두어도 정해진 곳으로 갈 수밖에 없는 방법을! 바로 물의 업(業), 물의 속성을 만들어 주는 것이다. 즉 물은 낮은 곳으로 흐른다는 속성이다. 이제 신은 물을 마음대로 흐르게 내버려 둬도 괜찮다. 동쪽으로 가든, 서쪽으로 가든 마음대로지만 결국은 낮은 곳으로 갈 수밖에 없으니까.

그게 물의 업이고, 물은 그렇게 타고나 버렸다.

신은 사람에게도 각각의 업(業)을 타고나게 만들었다.

완전한 자유를 주어도 결국은 자기의 운명을 따라갈 수밖에 없는 업을. 그것이 같은 장소, 같은 상황에서도, 서로 다르게 행동하게 되는 이유다. 같은 것을 보고, 같은 소리를 들어도 서로 다른 생각을 하게 되는 이유다.

수십 억 인간의 얼굴이 다 다르고, 생각이 다 다른 이유는 타고 난 업이 모두 다른 때문이고, 궁극적으로는 각각의 운명이 모두 다르기 때문이다. 당신이 부산에 갈 운명을 가지고 왔다면 결국은 부산에 가게 된다. 그러나 기어갈지, 걸어갈지, 기차를 탈지, 비행기를 탈지는 당신의 자유다.

당신이 부자가 될 운명을 가지고 왔다면 무엇을 하든 부자가 될 것이다. 신에게 매달려 '돈 벌어 갖다 주세요.' 하고 기다리지만 않는다면 당신은 어떤 일을 하든, 사기를 치든, 몇 번을 실패했다 다시 시작하든, 부자가 된다.

혹시 지금 당신이 하는 일이 잘 안 돼서 힘들어 하고 있는가?

고난에 처해 허덕이고 있는가?

거듭되는 실패로 절망에 빠져 있는가?

지쳐서 포기하고 싶은가?

아무리 부정을 해도 당신은 신의 일부이고, 신의 한 조각이다. 신을 부를 힘이 남아 있으면 그 힘으로 다시 한 번, 고개를 쳐들고 똑바로 서기 바란다. 지금 당신의 모습이 당신의 운명은 아니다.

그래서 성공한 사람 많다. 처음부터 성공한 사람보다 더 많다.

신은 있다. 그러나 내 소원을 들어주기 위한 신은 없다.

아무리 부족하고 못난 사람도 같은 신의 한 조각이다.

신은 결코 당신의 소원을 들어주지 않지만, 또한 당신을 버릴 수도 없다.

사랑하는 사람의 죽음 앞에 눈물 흘리는 이유

나이가 들어가면 주변의 많은 사람들을 먼저 떠나보내게 된다.

이 세상에서 잘 살다가 갈 때가 되어 돌아가는 사람도 있지만, 뒤늦게 와서 얼마 살지도 못하고 허망하게 가는 사람도 있다. 갖가지 병으로 고생하다 가는 사람도 있고, 사고로 갑자기 떠나는 사람도 있다.

세상사 마음대로 되지 않는다고 스스로 포기해서 떠나는 사람도 있고, 전쟁을 비롯한 온갖 천재지변에 걸려들어 죽는 사람도 있고, 심지어는 먹을 게 없어 굶어 죽는 사람도 무수히 많다. 이유야 무엇이 되었든 하루에도 수만 명의 사람이 이 세상을 떠나고, 그보다 더 많은 사람들이 그들의 죽음 앞에 눈물 흘리며 통곡하고 있다.

왜 우는 걸까?

저승은 편안한 삶을 위한 것이라는 사실을, 사람은 모른다 해도 영혼을 그걸 안다고 한다면, 울어야 할 이유가 없지 않은가? 몸은 울더라도 영혼은 울지 말아야 되는 게 아닌가?

겪어 본 사람은 알겠지만 진정 사랑하는 사람이 죽으면 눈물도 못 흘린다. 모든 것이 마비되고 정지되어 꿈인지 현실인지 분간이 안 되어 그저 멍할 뿐, 울지도 못한다. 시간이 흐르고, 그 사람이 진짜 내 곁을 떠났다는 걸 느끼게 되면 그때서야 비로소 눈물이 흐른다.

우리는 모든 죽음 앞에서 눈물을 흘린다. 무엇이 우리를 울게 만드는 걸까?

그 이유는 두 가지다.

몸이 우는 이유와 영혼이 우는 이유가 다르기 때문이다.

첫 번째 몸이 우는 이유는 제 설움 때문이다.

우리는 누군가의 죽음 앞에서 흘리는 눈물에 대해 깊이 생각하지 않는다. 그러나 곰곰이 생각해 보면, 실제로 그의 죽음이 내게 슬픔을 주어서라기보다 그 사람과 같이 겪었던 기억 속에 남아 있는 그 옛날의 내가 생각나서 운다는 걸 알게 되는 것이다. 그 사람의 생전 모습에 투영된 내 모습을 보고 우는 것이다. 이것이 내 설움에 겨워 운다는 의미다.

실제로 가장 가까운 사이, 부모 형제라 하더라도 어릴 때 헤어져서 그들의 과거 속에 내가 없다면, 또는 나와 겹치는 부분이 없다면 눈물이 안 나올 것이다. 사람이 이기적이라 그런 것이 아니고, 이 우주는 그 사람이 중심이라 그렇다. 그 사람이 속해 있는 우주는 그 사람의 우주이고, 그 사람이 없는 우주는 없는 것이다. 즉 내가 없는 우주는 없는 것과 다르지 않다. 그러니 내가 없는 세상에서 일어난 일에 내가 왜 울겠는가?

알 듯 모를 듯하다면, 굳이 알려고 애쓰지 말기 바란다.

나중에 저절로 알게 될 것이고 '아하, 이 말이었구나.' 하고 느끼게 될 날이 올 것이다.

두 번째 영혼이 우는 이유는 몸이 우는 이유와는 다르다.

영혼이 울 때는 영혼에 흔적이 남을 만큼 지독히 사랑하는 사람이 죽었을 때다. 어떤 사람의 죽음 앞에 머리가 아닌 가슴으로 운다면 영혼이 우는 것이다. 가슴에 박힌 큰 못이 되어 내가 죽을 때까지 아프다면, 그것은 내 영혼이 사랑한 사람이다.

그저 꺼이꺼이 소리 내어 울고, 눈물을 흘린다고 우는 게 아니다. 그것은 그냥 남이 보라고 우는 것이고, 내 설움에 우는 것이다. 그러나 영혼이 우는 것은 다르다. 소리도 나지 않고, 눈물도 보이지 않는다.

티끌 하나 섞이지 않은 순백의 슬픔, 영혼의 자리인 가슴이 미어지고 숨이 쉬어지지 않는다. 미쳐가는 사자처럼 울부짖지만 들리지 않고, 폭포처럼 눈물을 쏟아내지만 보이지 않는다. 영혼은 물질이 아니기 때문에 진정 영혼의 울음은 보이지 않고 들리지 않는다.

아무것도 없는 차가운 물, 그 깊은 곳에 들어간 것 같은 순백의 슬픔 속에서 그저 슬퍼할 뿐이다.

그런데 모든 것을 다 알고 있는 영혼이 왜 울까?
저승으로 가면 다시 만난다는 것을 잘 아는 영혼이 왜 울까?
내가 사랑한 그 영혼이 죽어 없어진 것도 아닌데 왜 울까?
당장이라도 저 세상으로 갈 수 있는데, 왜 울고 있을까?

영혼은 신과 마찬가지로 전지전능하다고 했다. 그것은 사실이다. 영혼은 소원을 가지면 뭐든 가능하다고 했다. 그것도 사실이다. 모든 것이 다 가능하지만, 단 하나 진리를 거스를 수는 없다. 바로 그것 때문에 우는 것이다.

현상계의 독창성, 모든 물질은 같은 게 없다.

그 모든 물질 존재는, 사람이든 짐승이든, 물이든 바위든, 모래알과 먼지 알갱이 하나까지도 절대로 같은 것이 있을 수가 없다. 지금 이 세상뿐만 아니라, 과거로도 영원히, 미래로도 영원히 같은 것은 없다.

지금의 내 모습, 지금의 당신 모습, 내가 사랑하는 모든 사람의 지금 모습은 오직 지금 이 세상에서밖에 볼 수가 없다. 영겁의 세월을 억만 번 환생해도 지금의 모습으로는 못 온다. 정말, 정말 원해서 그 모습으로 다시 온다고 해도 다만 비슷할 뿐, 같을 수는 없다.

지금 당신의 눈앞에 있는 모든 것은 지금이 아니면 다시는 못 본다.

영혼의 형태로, 또 다른 모습으로, 만나고 또 만날 수 있지만 지금의 모습은 아니다. 내가 사랑하는 사람이 죽으면, 그 사람으로 알고 있던 그 모습은 영원히 사라지고 다시는, 다시는 볼 수가 없다.

아무리 원해도, 아무리 보고 싶어도, 딱 한 번만 더 보고 싶다 해도, 다시는 못 본다. 그 사람의 영혼은 죽지 않지만, 그 사람은 죽는 것이다. 그 사람의 죽음과 함께 그 사람의 모습은 영원히 사라진다.

백번을 환생해서 또 다른 그 사람을 만날 수는 있지만, 지금의 그 사람은 아니다. 영혼은 그것을 알고 있다. 다시는 못 본다는 것을. 그래서 우는 것이다. 그래서 죽은 그 사람을 쓰다듬으며 우는 것이다. 영혼에 깊이 흔적이 남겨지도록 보고 또 보며 우는 것이다.

그리고 그 습은 다음 세상에서 당신을 방황하게 한다. 영혼에 새겨진 그 사람의 모습과 비슷한 사람이라도 찾으려고, 그래서 다시 한 번 더 보고 싶어서…….

지금 사랑하는 그 사람의 모습은 지금이 마지막이다.

후회하기 전에 한 번이라도 더 보기 바란다.

'참나'란 무엇인가?

사람은 삼중의 존재라고 했다. 첫 번째가 영혼(흔히들 말하는 '참나'라고 불러도 좋다), 두 번째가 생각(두뇌가 만드는 생각), 세 번째가 육신이다. 지금부터 설명하기 좋게 영(靈), 사(思), 육(肉)이라고 표현하기로 하자.

'영'과 '사'는 수시로 교차해 육을 지배한다. '영'이 '육'을 더 많이 지배하는 사람이 있고, '사'가 '육'을 많이 지배하는 사람이 있다. 이렇게 '육'을 지배하는 패턴에 따라 사람들의 행동이 달라지고, 현실의 삶이 달라진다. '사'의 사람은 굉장히 현실적이고 적극적이다. 열심히 노력해 성공을 하고 돈도 많이 벌어 풍요로운 삶을 산다.

반면 '영'의 사람들은 정반대다. 얼핏 보면 아무것도 안 하고 빈둥거리는 것처럼 보이고, 상당히 비현실적이다. 이 세상이 물질이 전부인 현실계라는 사실을 떠올려보라. 물질을 등한시하는 이들이 비현실적으로 보이는 것이 당연하다.

'영'과 '사'가 등산을 갔다.

'사'는 기필코 정상에 오르려 한다. 기를 쓰고 오르다가 팔부 능선까지밖에 못 가면 억울하고 분해서 화가 난다. '영'은 그런 모습이 이해가 안 간다. 굳이 꼭대기까지 올라가지 않아도 즐겁기만 하다. 천천히 주위를 구경하면서 가는 데까지만 가면 되지, 왜 그렇게 안달복달하며 정상에 올라야 하는지 알 수가 없다. '사'는 '영'이 이해가 안 된다. 오르지 않을 거면 산은 왜 가는 건지, 왜 그렇게 대충 사는 건지 이해가 안 된다.

지금까지의 설명으로는 오해하기 십상이다. '영'의 사람들은 조금 무능력하지만 착하고 인간적이며, '사'의 사람들은 이기적이며 자기밖에 모른다.'고 생각하는 것이다. 그러나 절대 그렇지 않다.

'영'이 두드러진 사람은 물질을 탐하지 않기에 사람이 좋아 보이고, '사'가 두드러진 사람은 목표를 위해 앞뒤 가리지 않기 때문에 지독해 보일 뿐이다. 두 부류의 사람 모두 우리의 이웃이다.

그리고 '영'이 사람의 한 부분이듯, '사'도 사람의 한 부분이다. '영'이 남을 돕고 싶어 하듯, '사'도 남을 돕고자 한다. 다만 그 도움의 성격이 다를 뿐이다. '사'가 목표를 위해 옆을 보지 않는다고 욕할 필요가 없다. '영'도 존재 자체의 희열에 빠져 옆을 보지 않는 것은 매한가지다.

양쪽 모두 자기 성질대로 살 뿐, 뭐가 낫고 뭐가 못하다고 할 것이 아니다. 이 대목에서 애매한 말만 늘어놓으니 뭔 소린지 모르겠다는 볼멘소리가 나올 것 같다.

이해를 위해 예를 들어보겠다.

이 글을 쓰는 필자는 먹고 살려고 새벽같이 일어나 우유 배달을 한다. 그런데 어느 겨울날이었다. 아무도 없는 깜깜한 새벽길을 혼자 달리는데, 하늘에서 흰 눈이 하염없이 쏟아져 내렸다. 영이 조금 앞으로 나온 필자는 머리끝부터 발끝까지 저릿저릿해질 정도로 희열을 느꼈다. 이 우주에 내가 존재한다는 기쁨, 아무것도 거칠 것 없는 자유, 나를 위해 존재하는 산과 하늘, 나무들에 대한 고마움, 나를 향해 쏟아지는 무한개의 눈송이들에 거의 무아지경에 빠진 것이다.

똑같은 경우 사가 앞으로 나온 사람은 어떤 반응을 보일까? 날은 춥고 어두운데 눈은 쏟아져 길은 미끄럽다. 앞도 잘 보이지 않는데, 시간 맞춰 이 많은 우유를 다 배달할 생각을 하니 그야말로 미칠 지경일 것이다.

다른 예를 하나 더 들어보겠다.

어느 날 길을 가다 빚쟁이를 만난 사람 얘기다. 영이 앞으로 나온 사람은 빚쟁이라는 개념이 없다. 그냥 존재와 존재의 만남이라 생각한다. 이 세상에 단 하나밖에 없는 존재를 만났으니 얼마나 기쁜가. 세상에 나 아닌 다른 존재가 있다는 것 또한 얼마나 행복한가. 이 세상에서 맡은 역할이 빚쟁이든 뭐든 상관이 없다.

그런데 사가 봤을 때는 비상상황이다. 돈을 갚으라고 닦달할 것이 분명하니 그 사람이 저승사자처럼 보인다. 빨리 그 자리를 피하고 싶을 뿐이다.

깊은 산 속의 암자에 여든이 넘은 노승이 살았다.

도인이라 소문이 나서 많은 사람들이 그를 찾아와 지혜를 빌리고자 했다. 그런데 노승의 행동이 괴이했다. 무엇을 묻든, 그 사람을 데리고 큰 나무 아래로 가는 것이다.

나무 밑에 나온 작은 새싹을 가리키며 "이거, 어제까지만 해도 없었던 건데 오늘 새로 난 거야. 참 신기해. 이게 어디서 왔을까?"라고 말하며 연신 싱글벙글이다. 노승은 사람들에게 나무둥치의 작은 구멍도 보라고 했다. 구멍 속에서 개미가 한 마리 기어 나오자 노승은 기쁨에 겨워 손뼉을 치며 말했다.

"이게 개미집이야. 내가 발견했어. 이 속에 개미 많다."

노승을 찾아온 사람들은 어리둥절했다.

이 사람이 도인이라니 말이 되는가? 철부지 어린아이와 똑같지 않은가? 그러다 문득 자신을 괴롭혔던 세상사 모두가 부질없게 느껴진다. 저 노승처럼 새싹만 볼 수 있다면, 개미만 볼 수 있다면 힘들 것이 없다는 생각에 이르는 것이다.

그렇다. '영'으로 세상을 본다면 힘들 것이 무엇이겠는가?

우리가 이 세상에 처음 왔을 때는 '영'밖에 없었다.

이 세상에 하루라도 덜 머물렀을수록 '영'이 크다. 어린아이에겐 모든 것이 신기하다. 눈에 보이는 모든 것이 좋고, 기쁘고 즐겁다.

그러나 불행하게도 '사'가 자리 잡기 시작한다. 때가 묻는 것이다. 불행하다는 표현은 맞지 않을지도 모르겠다. 본디 이 세상이 그런 것이고, 그런 것을 경험하러 여기에 왔으니까.

아무튼 '사'와 함께 '내 것'과 '네 것'이 구분되기 시작한다. '가진 사람'과 '못 가진 사람'이 생기고, 거기서 희로애락이 만들어진다. 가끔 '살아있는 것만으로도 행복하다.'고 말하는 사람들이 있다.

그들은 모두 '영'의 사람들일까? 아니다. 그 사람들은 '사'의 사람들이다. 많은 것을 얻고자 죽자고 뛰어다녔는데, 일이 잘못되어 모든 것을 다 잃어버린 사람들의 포기 선언이지, '영'과는 상관이 없다. 얼핏 보면 비슷하지만 전혀 다르다. 마치 거짓말을 밥먹듯 하는 사람이 '이번엔 진짜야.'라고 하는 것과 같다.

처음부터 거짓말을 한 적이 없고, 할 생각도 없는 사람은 진짜라고 말할 필요가 없다. 굳이 상대에게 나를 믿게 하려고 하지도 않는다. 믿든 안 믿든 나와는 상관이 없으니까.

'영'이 느끼는 존재 자체의 기쁨은 '살아있는 것만으로도 행복하다.'는 말로 표현할 성질의 것이 아니다. '사'는 말을 필요로 하지만 '영'은 말이 필요 없다.

혼자 기쁘고 혼자 행복할 뿐이다.

'영혼'이란, '참나'란 그런 것이다.

어떻게 해야 '참나'를 만날 수 있나?

거의 대부분의 사람들은 살아있는 동안 한 번도 '영(靈, 영혼, 참나)'을 만나지 못한다. 만나지 못한다기보다 그것이 '영(靈)'이나 '참나'란 것을 알지 못한다는 게 정확하다.

욕심이 클수록, 원하는 것이 많을수록 '사(思)'가 끊이지 않기 때문이다. 돈에 대한 집착, 사람에 대한 집착, 미래에 대한 불안과 두려움 등등 세상의 모든 좋은 것과 나쁜 것이 '사'가 되어 머릿속을 지배하니, 단 1초도 여기서 벗어날 수가 없다.

열 가지, 백 가지 걱정 고민이 줄줄이 엮어져 머릿속을 헤집는데, 어찌 그것들을 끊고 '영'을 보겠는가? 물론 굳이 '영'을 만나지 않아도 살아가는데 전혀 문제가 없다. 오히려 모르고 사는 게 어떤 면에서는 나을 수도 있다. '영'의 존재를 잊고 산다고 해서 '영'이 없어지는 것은 아니기 때문이다.

그런데 사람들은 무의식적으로 '사'가 아닌 무언가가 있다는 것을 알고 있다. 무의식적으로 '영'을 그리워하는 것이다. 열심히 살다가도 한 순간에 '이게 뭐지?'라는 느낌을 갖는 것이다. 그러나 다시 몇 초도 지나지 않아 '사'가 들어선다. '사'는 잠시도 사람들은 그냥 두지 않는다. 조금 쉬기라도 하면 뒤처질까봐 안절부절 끙끙대게 만들고, 뭔가를 가지고 나면 빼앗길까봐 또 끙끙대게 만든다.

사람들은 살면서 '사'에 지친다. 그래서 가끔은 내려놓고 싶어질 때도 있다. 물론 금방 돌아서서 다시 어깨에 짊어지겠지만. 누군가 잠시라도 '사'를 내려놓는 순간이 있다면, 그때가 바로 '영'을 확인하는 순간이다.

삶이 힘들면 힘들수록 '영'에 대한 그리움이 커진다. 쉬고 싶은 것이다. 그러나 유감스럽게도 '영'은 만나고 싶다고 만나지는 게 아니다. 어떤 순간 '영'과 스치기도 하지만 알아보지를 못한다. 늘 '사'에 젖어, '사'에 쫓기며 살기 때문에 '영'과 만날 준비를 하지 못하기 때문이다.

내 그리운 영혼과 만나는 방법, 물론 있지만 결코 쉽지가 않다.

보통 사람들에겐 정말이지 집중력이 필요하다.

우선 '영(靈)'을 만나려면 '사(思)'와 '육(肉)' 둘 다 떼어내야 한다.

'사'를 떼어내는 것은 알겠는데 '육'을 떼어내는 건 무언인지 의문이 생길 것이다. '육'을 떼어낸다는 것은 이런 의미다. 사람이 집중을 하려고 앉아 있으면, 채 오분도 되지 않아 '육'이 부른다. 허리가 아프고, 다리가 저리고, 목이 뻣뻣해지는 것이다. 이렇게 몸이 나를 부르는데 무슨 집중을 하겠는가?

몸이 더 이상 부르지 않도록 해야 한다. 피로, 긴장, 잘못된 자세 등에서 오는 통증 등 모든 원인을 풀어내야 하는 것이다. 그 방법은 참으로 간단하다. 한 마디로 스트레칭이다. 우리가 자고 일어나서 하는 기지개를 생각하면 된다. 그저 내키는 대로 몸을 이리저리 비틀어 쭉쭉 늘이면 된다.

중요한 것은 '어떻게'가 아니라 '얼마나'다. '얼마나'에 대한 답은 간단하다. 아침에 일어나서 기지개를 켜는데, 처음엔 아주 많이 시원하다. 그러나 두 번 세 번, 횟수가 거듭될수록 시원함은 떨어진다. 뭉친 근육이나 뼈, 힘줄 등이 다 풀어지면 더 이상 시원하지 않은 것이다.

자, 정리를 해보자.

몸이 부르지 않게 하기 위해서는 몸을 풀어야 하고, 그 방법은 기지개다. 팔, 다리, 목, 어깨, 허리, 손끝, 발끝, 손가락, 발가락, 마디마디 다 비틀고 늘여서 몸을 어떻게 비틀어도 시원하지 않을 때까지 계속해야 한다. 사람에 따라 삼십 분, 한 시간, 두 시간, 하루, 어쩌면 일주일이나 더 오랜 시간이 걸릴 수도 있다.

어디를 어떻게 움직여도 더 이상 시원하지 않으면 몸이 다 풀어진 것이다. 그때는 자세를 잡고 앉아 있어도 몸이 불편해 신경이 그쪽으로 가는 일이 없다. 몸이 부르지 않으니 몸으로부터 해방이 된

거다. 뿐만 아니라 그쯤 되면 보너스로 당신의 몸이 갖고 있던 웬만한 병은 다 고쳐져 있을 것이다.

이제 남은 것은 '사'다.

이것은 '육'을 분리하는 것보다 훨씬 떼어내기 힘들다.

의지력으로 정신력으로 떼어낼 수 있다면 참 좋을 텐데 그렇게는 안 된다. '사'를 떼어내겠다는 욕심과 애씀 자체가 '사'이기 때문이다. 그냥 아무 생각 없이 텅 비우면 좋겠지만, 그게 될 리가 없다. 그러니 강제로 비워야 한다. 자신의 '호흡'을 따라가는 것이다.

여기저기서 호흡법을 가르치고 있는데, 그 이유가 바로 '사'를 끊기 위해서다. 그러면 호흡을 어떻게 해야 할까? 굳이 단전으로 내려보내니, 온몸으로 돌리니 애쓸 필요가 없다. 그냥 편하게 하면 된다. 어떻게 하겠다고 애쓰면 그것이 '사'가 되어 나를 잡는다고 했다.

많은 수련 단체들에서 호흡법을 가르치고, 그것을 열심히 배우고들 있지만 별 신통한 것은 없을 것이다. 물론 건강해지기는 한다. 호흡법 때문에 건강해진 것이 아니라, 몸을 떼어내기 위해 몸을 풀었기 때문에 건강해진 것이다. 호흡은 '사'를 떼어내기 위한 방편일 뿐 아무것도 아니다.

지금까지 '영'을 만나기 위해 '사'와 '육'을 떼어내는 방법을 얘기했다.

그런데 분명히 알아야 할 것이 하나 있는데, '영'을 만난다고 뭐

대단한 일이 생기는 것은 아니라는 거다. 무슨 도라도 터지는 줄 아는 사람들이 있는데, 그럴 일 전혀 없다. 우물 안의 개구리는 우물 밖을 상상도 못한다. 그 개구리에게 우물 밖을 보여주면 어떻게 될까? '와, 이런 게 있었구나.' 하는 거 말고 뭐가 더 있겠는가?

굳이 말하자면 또 다른 나를 만나는 기쁨, 또 다른 세상을 보는 감동, 돈에 매여 허덕이며 사는 게 전부는 아니라는 깨우침, 그 정도인 것이다. 그래서 조금 잘되면 지금보다 좀 더 가난해지는 것? 그게 전부다.

그래도 꼭 보고야 말겠다는 사람은 계속 따라오기 바란다.

우선 자세는 마음대로 해도 된다. 눕고 싶으면 눕고, 비스듬히 기대고 싶으면 기대어도 좋다. 하지만 가급적이면 앉는 게 좋다. 눕거나 기대어서 호흡하다 보면 십중팔구 잔다. 앉는 방법은 양반 자세다.

다리를 너무 깊이 꼬지 말고, 약간 느슨하게 꼰다. 허리와 가슴, 머리까지는 똑바로, 발레를 하는 것처럼 가볍게 세운다. 그러면 항문과 성기 사이, 즉 회음혈이라는 부분이 바닥에 붙는다. 손은 앞으로 편안히 내린다. 그러면 두 손이 발 위에 포개져 놓아진다.

자세는 잡아졌으니, 이제는 호흡이다.

원래 호흡은 의식적으로 하지 않아도 저절로 되게 만들어져 있다. 우리가 사는 지구의 기압은 1,015mb(밀리바)고, 공기는 기압이 높은 쪽에서 낮은 쪽으로 흐른다. 숨을 들이쉬었을 때 폐 속의 기압이 1,016mb로 높아지므로, 공기는 저절로 몸 밖으로 밀려나온다. 반대로 내쉬었을 때는 폐 속의 기압이 1.014mb로 낮아진다. 폐 속으로 공기가 저절로 빨려들어가는 것이다. 그래서 우리는 호흡에 대해 전혀 신경 쓸 필요가 없다. 그런데 그 호흡을 의식적으로 하자는 것이 호흡법이다.

사람이 물에 빠지면 어떻게 되는가? 가만히 있어도 저절로 쉬어지는 숨을 쉴 수가 없다. 기를 쓰고 물 밖으로 머리를 내밀어야 한다. 그럴 때는 다른 생각을 할 틈이 없다. 오로지 숨쉬는데 전력을 다한다. 즉 모든 '사'가 끊어진다. 바로 그렇게 숨쉬는 것 외에는 아무것도 할 수 없는 상태로 자신을 밀어 넣는 것이 호흡법이라 생각하면 이해가 쉬울 것이다.

그러면 어떻게 해야 할까? 아주 쉽다. 물속에 들어갈 때처럼 숨을 잔뜩 들이쉬어라. 그리고 물속에서처럼 숨을 꾹 참아라. 숨이 넘어갈 지경이 되면, 머리를 물 밖으로 내밀 듯 숨 한번 쉬고 또 참아라. 그리고 또 죽을 지경이 되면 또 한번 숨쉬어라.

이것을 반복하면 되는데, 한 가지 주의사항이 있다.

숨을 절대 가슴으로 쉬면 안 된다는 것이다. 왜냐하면 가슴은 '영대(靈臺)'라 하여 영혼이 기거하는(표현이 좀 이상하지만 달리 표현할 말이 없으니 그렇게 쓰자) 곳이기 때문이다. 영혼과 통하는 언어는 느낌이고, 그것을 감지하는 안테나는 가슴에 있다고 했다. 그래서 숨을 쉬며 가슴을 들썩거리면 안 된다.

갈비뼈가 갈라지는 삼각형 부분, 즉 '명치'를 기준으로 그 아랫부분으로 숨을 쉬면 된다. 배로만 숨을 쉬라는 말이다. 왜 단전(배꼽 아랫부분)으로 숨쉬라는 말이 나왔는지 이제 알겠는가? 그런데 굳이 단전으로 호흡을 내리려고 애쓰지 말기 바란다. 배로 숨쉬면 저절로 내려가니까. 억지로 단전으로 내리려고 하면, 그게 바로 '사'가 되어 나를 붙잡는다. 그냥 공기를 배로 밀어 넣고 꾹 참고, 또 배로 밀어 넣고 꾹 참고, 그렇게만 하면 된다.

한동안 이렇게 하면 나타나는 현상이 몇 가지 있다.

첫째 몸에 땀이 난다. 몸에 열이 나면서 적당히 편안해지고 개운해진다.

둘째 몸이 뒤로 넘어가는 느낌이 든다.

누군가 가만히 당기는 듯이 몸이 뒤로 넘어가려고 한다. 좋은 현상이니 편하게 받아들이면 된다. 갓난아기처럼 처음의 몸으로 돌아가는 것이다.

셋째 몸은 없어지고 가벼운 의식만 남아 편안해진다.

마치 공중에 약간 떠있는 듯 의식만 허공에 떠 있다.

그 다음은 당신 몫이다. 당신의 '영(靈)'이 무엇을 보여줄지 나는 모른다. 한 가지만 말해 두자면, 그 뒤 당신은 한결 편안해질 것이다.

깨어나서도 잔잔한 평온과 기쁨을 느낄 수 있을 것이다.

곧 '사(思)'에 떠밀려 지워지겠지만.

부처의 눈은 왜 아래를 보고 있을까?

어떤 사람이 물었다.

왜 잠시도 끊이지 않고 생각이 자꾸만 생기나요?

혼자 있을 때는 말할 것도 없고 일을 할 때도 그렇고, 얘기를 하는 와중에도 뒤에 할 말이 들어와 앞뒤 말이 엉키게 되고, 부처 앞에 소원을 빌러 가서도 자꾸 딴 생각이 들어와 부처님 하고 불러 놓고는 준비해 간 소원을 다 빌기도 전에 딴 생각을 하고.

'내가 왜 이러지.' 하고 다시 소원을 빌어야 될 정도로 생각이 많은데, 왜 그런 건가요?

몇 마디 되지도 않는 소원을 다 빌기도 전에 딴 생각에 빠졌다 다시 올 정도면 생각이 많긴 한데, 그것이 그 사람만의 문제는 아니다. 거의 대부분의 사람이 다 그렇다. 부지기수의 뇌 세포가 하는 일이 그것이니 그 많은 세포들이 얼마나 많은 생각들을 동시 다발적으로 만들어 내겠는가? 때로는 생각들끼리 엉켜서 무슨 생각을 했는지도 모를 정도로 뇌는 많은 생각을 만들어 낸다.

생각들이 그렇게 들락거리지 않고 정신을 집중할 수만 있다면 두꺼운 영어사전 한 권을 다 외우는데 하루면 족할 것이다. '왜 그런가?'가 아니고, 사람은 그렇게 만들어져 있다. 사람의 뇌는.

남편이 죽어 슬픔에 잠겨 울고 있던 사람이 금세 잊고 지나가던 며느리 보고 육개장은 맛있더냐고 묻는 것이 사람인 것이다. 그래서 현자들은 그런 생각들에서 잠시라도 벗어나는 방법을 몸으로, 말로 가르치려고 했다.

대표적인 것이 석가모니를 형상화한 부처다.

절에 다녀 본 사람들은 알 것이다.

모든 부처는 단 위에 높이 모셔져서 가만히 아래를 내려다보고 있다. 그 밑에서 중생들이 엎드려 절하며 소원을 빈다. 그러면서 한편으로는 혹시 부처가 내가 지은 죄를 알아내어 벌을 주지 않을까, 괜히 잘못을 용서해 달라고 빌게 된다.

왜 모든 부처는 바닥에 있지 않고 높은 데 앉아 있는 걸까?

지금부터 그 이유를 말하고자 한다.

부처를 숭배하는 사람들이 부처를 단 위에 모셔 놓는 것은 그래야 부처의 눈이 아래를 내려다보는 위치가 되고, 사람들을 은근히 겁주는 효과가 있기 때문이다. 무언의 협박이다.

위의 말이 정말일까? 정말 부처는 그런 이유로 아래를 내려다보고 있는 걸까?

선각자여, 위대한 현자여! 저들은 자기가 무슨 짓을 하는지도 모르고 있나이다.

부처는 위대한 현자이며, 깨달은 선각자이다. 신의 이치를 알고 인간들을 편안하게 해주고자 입을 열어 진리를 가르친 현자가 왜 인간들을 겁주려 하겠는가? 그것은 그의 추종자들이 부처의 뜻을 잘못 이해했기 때문이다.

부처의 눈은 하나의 가르침이다.

바로 끝없이 만들어지는 망상을 없애는 방법을 말해 주고 있는 것이다.

인간이 거짓말할 때 눈의 위치는 어디일까?

지난 일을 기억하려 할 때의 눈의 위치는 어디일까?

잘 알겠지만 그때 눈동자가 위로 올라간다. 왜 그럴까? 이유는 하나다. 그 기능을 하는 뇌를 은연중에 쳐다보는 것이다. 일상에서 수많은 생각들이 들락거리고, 이런저런 궁리를 할 때 눈의 위치는 어디일까?

그때 눈의 위치는 정면이다. 이 세상에 일어나는 일상을 보는 것이다. 이 책을 읽는 사람들은 잠시 책을 놓고 한 가지 실험을 해 보기 바란다. 부처처럼 가슴 속을 본다는 기분으로 눈을 감고 가만히 아래를 내려다보기 바란다.

딱 3분만!

거짓말같이 와글거리던 머릿속의 생각들이 싹 사라짐을 느낄 것이다. 눈을 아래로 내려다보는 상태로는 어떠한 생각도 할 수가 없다. 부처의 눈은 바로 그것을 몸으로 보여주는 것이다. 망상에서 벗어나 당신의 영혼을 보는 방법을. 눈을 감고 명상을 한답시고 앉아 있는 사람을 잘 보면 그 사람이 명상을 하는지 생각에 빠져 있는지 금방 알 수가 있다.

눈동자가 정면에서 움직이는 사람은 자기도 모르게 생각에 빠져 있는 사람이다. 눈을 아래로 내리고는 1분도 못 견딘다. 못 견디는 게 아니라 금세 생각이 당신의 눈을 정면에 갖다 놓는다. 부처의 눈으로 30분만 버티면 당신도 현자가 될 수 있다.

그러나 그러기는 어려울 것이다.

금세 몸이 부를 것이고, 일상의 생각이 머릿속을 비집고 들어 올 것이다. 그리고 당신의 눈은 당신도 모르는 사이 정면으로 올라와 있을 것이다. 자신의 의지로 눈을 아래로 내리고 버틸 수 있다면 단전호흡이니 뭐니 하는 것이 필요치 않다. 그냥 눈을 내리면 되는데 뭐 하러 번거롭게 그런 행동을 하겠는가?

그게 되지를 않으니 강제로 하는 방법들을 연구하고 만들어내는 것이다.

잠시라도, 하다못해 단 3분이라도 부처의 눈을 해보기 바란다.

많이 편해질 것이다.

영혼에도 나이가 있을까?

영혼의 나이를 묻는다는 것은 어찌 보면 참으로 우스운 얘기일 것이다.

비 물질의 존재인 영혼에게는 시간 자체가 적용되지 않는다.

나이란 그 물질이 지나온 시간에 다름 아니다. 그러므로 물질세계의 공간이동에 걸리는 그 틈새의 길이를 시간으로 표현하는 것이라면, 비 물질의 존재인 영혼에게 나이란 없는 것이다. 굳이 나이를 말한다면 영혼과 신의 나이는 같다. 신이 생기면서 영혼이 생겼고, 신이 곧 영혼이므로.

그렇게 따진다면 이 물질 세계의 모든 물질 역시 신의 한 부분이므로, 모든 물질의 나이 역시 신의 나이와 같다. 그러나 모든 것의 총합인 신 안에서는, 모든 것이 머물러 있지를 않는다. 비 물질인 영혼이든, 현상계의 물질이든, 잠시도 제 자리에 있지 않고 순환하는 까닭에 모든 것은 있다가 없다가 하는 것이다.

전체를 하나로 보면 아무 것도 없는 무(無)가 되는 것이다.

모든 게 다 있다는 것은 아무것도 없다는 말과 같다. 그러면서도 또 그 안에 다 있다.

색즉시공(色卽是空)이요, 공즉시색(空卽是色)이다. 바로 그 '있다'와 '없다'가 같은 것이라면 영혼의 나이가 없다고 해도 맞는 말이지만, 있다고 해도 이상할 것은 없다.

'있다'와 '없다'를 하나로 보면 영혼은 나이가 없다.

반대로 '있다'와 '없다'를 다르게 보면 영혼에게도 나이가 있다.

그러면 영혼에게 '있다가 없다가' 하는 것은 무엇일까? 영혼은 물질 존재가 아니므로 뭔가가 있다는 것이 성립이 안 된다고 했다. 그러나 유일하게 있는 게 있다. 바로 '습(習)'이란 것이다.

영겁을 윤회하면서 우리의 영혼은 수많은 체험을 한다.

그 체험 중에는 영혼에 깊숙이 새겨질 정도의 지독한 체험도 당연히 있다. 건성건성 대충 살다 간 삶도 있었겠지만 정말 진한 삶, 지독한 삶도 있었을 것이다.

우리의 영혼은 영겁의 시간을 윤회하면서 얼마나 많은 사람을 사랑했을까? 아마 지금 이 지구상에 존재하는 모든 사람들을 다 합한 것보다 더 많은 사람을 만나고, 사랑했을 것이다. 때로는 아내와 남편으로, 때로는 부모와 자식으로, 또 때로는 연인으로, 때로는 맺을 수 없는 숨겨진 사람으로 만났을 것이다. 때로는 아무 관계도 없는, 지나가는 사람에게 가슴을 얻어맞아 오랫동안 끙끙대기도 하고, 우리가 상상도 하지 못하는 별 희한한 인연으로 많은 사람을 만나고 사랑했을 것이다.

그리고 그 중엔 우리의 영혼에 깊숙이 흔적을 남기는 사랑도 있다. 그 사람 생각만으로도 가슴이 미어지고, 그 사람의 삶이 힘들면 안타까움에 발을 구르고, 그 사람에게 모든 것을 다 주고 싶은데 내게는 줄 것이 없어 가슴만 치다, 그 사람은 슬픈 눈빛만을 남기고 저 세상으로 가버린다.

이런 사랑은 이 세상에서 나를 허덕이게 만들 뿐 아니라 다음 세상, 또 그 다음 세상, 수많은 윤회의 과정에서도 나를 허덕이게 만들며, 그 사람을 찾아다니게 한다. 그러나 물질계의 변할 수 없는 진리 중 하나는, 영겁의 시간을 윤회하더라도 같은 것은 생겨나지 않는다는 것이다. 다시 말해 다시는 그 사람을 만날 수가 없다. 비슷한 사람은 있을지언정 그 사람은 없다.

영혼에 새겨진 습은 그 사람을 만나 풀지 않으면 없어지지 않는다.

이번 생에서는 만날까, 또 이번 생에서는 만날까, 그렇게 끝없이 그 사람을 찾다 찾다, 영혼마저 지치면 방법은 하나뿐이다. 그 사람에게서 벗어나야 한다. 바로 해탈의 길로 들어가는 것이다. 내 영혼에 새겨진 그 사람의 흔적과, 그 사람으로 인해서 생긴 습이 완전히 소멸될 때까지 윤회마저 중단한 채, 절대적인 정적 속으로 들어가는 것이다.

이 세상의 모든 희로애락은 그 밑바닥에 사랑이라는 것이 깔려 있다. 사랑하는 사람이 있음으로 해서 슬픔도 기쁨도 화남도 즐거움도 생긴다.

하루에도 수만 명의 사람이 죽어가지만 우리는 아무것도 느끼지 못한다. 그러나 그 사람이 나와 관계있는, 또는 내가 사랑하는 사람이라면 얘기가 달라진다. 다른 아이들이 공부를 못하면 화가 나지 않지만 내 아이가 공부를 못하면 화가 난다. 다른 사람이 성공하고 이름을 날려도 내가 기쁠 일은 없다. 그러나 내가 사랑하는 사람이 성공하면 하늘을 날 듯이 기쁘다.

이처럼 세상사 모든 일의 밑바닥에는 사랑이 깔려 있다.

그리고 그 사랑이 크면 클수록 그것은 습이 되어 남는다.

내가 정말 좋아하고 사랑했던 일이 있었다면 그것도 습이 되어 남는다. 내가 정말 좋아하고 사랑했던 곳(집, 나라, 지역, 산, 바다 그게 뭐든)도 습이 되어 남는다. 사람이든 사물이든 그 무엇이든 내 마음속 깊이 사랑한 것이 있다면 그것이 습이 되어 다음 생에 영향을 준다.

영혼에게 나이는 없다. 그러나 굳이 나이를 묻는다면 그 영혼이 윤회의 과정 중에 쌓은 습의 많고 적음을 나이로 보는 게 타당할 것이다. 윤회의 과정이 길면 길수록 필연적으로 습이 쌓인다.

습이 많이 쌓인 영혼은, 즉 나이가 많은 영혼은 어린 영혼과는 다른 삶을 산다.

습이 많다는 말은 달리 말하면, 정말 지독한 삶을 많이 겪었다는 것이다. 뼈에 사무치는 지독한 사랑, 끔직한 슬픔, 넋이 나가 정신이 마비될 정도의 고통, 무슨 일이든 그 일의 최고 지독한 경우를 이미 거쳐서 알고 있다면, 그 영혼은 이 세상을 어떻게 살까?

그렇다. 이 세상의 모든 일들이 심드렁해져 버린다.

이 세상에서 일어나는 웬만한 일들은 그 영혼에게 자극을 주지 못한다. 이렇게 생각해 보면 이해가 쉬울지 모르겠다. 세상에 태어난 지 얼마 되지 않은 어린 아기는 엄마의 까꿍 소리 한 번에도 까르르 웃는다. 아주 작은 일에도 신기해하고 재미있어 한다.

그러나 젊은 날에 가슴 시린 사랑도 해봤고, 아픈 이별도 해봤고, 숨 쉬는 것도 힘들만큼 슬픈 일도 겪은 나이 든 사람은 까꿍 소리 한 번에 웃지 않는다. 뿐만 아니라 남들은 힘들어 끙끙대는 그런 일도 그 사람에게는 우습게 보인다. 자기가 겪은 일에 비하면 아무것도 아니니까 그저 픽 웃을 뿐이다. 습이 많은 영혼은 산전수전 다 겪은 노인과 같다.

지금 이 세상에서 일어나고 있는 일들이 전생에 겪었던 지독한 체험에 비하면 참으로 별것 아니다. 그래서 이 세상을 사는 것이 심드렁하다.

지금 생에도 물론 사랑을 한다. 그러나 전생의 어느 때 겪었던 가슴이 찢어져 버린 그 사랑에 비하면 아무것도 아니다. 그래서 사랑을 하지만 그 사랑이 온 가슴을 다 채워 주는 온전한 사랑이 되지 못한다. 그런데 그 이유를 자신도 모른다. 왜 사랑을 하면서도 가슴이 허전한지, 왜 뭔가 부족한 것 같은지, 왜 어딘가에 누군가가 있어 그 사람을 만나야 될 것 같은 생각이 드는지, 영혼의 깊숙한 곳에 새겨진 습은 아무리 윤회를 해도 풀어낼 수 없다.

전생의 내 사랑, 내 가슴을 찢어 버린 그 사람을 다시는 만나지 못하기 때문이다. 그 사람이 아니면 풀어낼 수 없는 그런 습을 가슴에 안고 영혼은 오매불망 그 사람을 찾는다. 그러다 어느 순간 가슴을 쾅 치는 사람을 만난다. 영혼에 새겨진 습이 그 사람을 알아본 것이다.

그 순간, 모든 것이 다 사라지고 가슴속에 그 사람만 남는다. 미친 듯이 그 사람을 사랑하지만 곧 아니라는 걸 알게 된다. 껍데기는 그 사람인 것처럼 보이지만 그 사람이 아닌 것이다. 모든 것이 허무해지고 모든 것이 무의미해진다.

그리고 그 입에서 이런 한탄이 나온다.

"세상사 다 부질없다."

그렇다. 몇 겁을, 몇 십겁을, 몇 백겁을 찾아 헤매다 만난 그 사람이 그 '습' 속에 새겨진 그 사람이 아니란 걸 알았을 때, 그 영혼은 무너져 내린다. 가진 게 있고 없고, 그게 무슨 대수겠는가, 재밌는 게 뭐가 있겠는가?

지금의 삶뿐만 아니라 그동안 윤회해온 모든 삶들이 허무해진다.

당신 주위를 유심히 살펴보라. 당신 자신을 포함해서.

그러면 당신의 눈에도 영혼의 나이가 보일 것이다. 습이 많이 쌓인 영혼은 이 세상의 삶이 즐겁지가 않다. 그 습의 크기와 무게 때문에 지금의 삶이 별로 의미가 없다. 한마디로 '왜 사는지 모르겠다.'는 식으로 매사가 무의미하다. 이 세상에 왔으니까 그냥 살긴 하는데 옆에서 보는 사람조차 같이 기운이 빠질 정도로 그냥 살기만 한다.

모든 사람이 두려워하는 죽음마저도 그 사람에게는 의미가 없다. 죽으나 사나 그게 그거니까, 그 영혼이 원하는 것은 이 세상에도, 저 세상에도 없으니까. 그러니 삶도 부질없지만, 죽음조차도 그에겐 부질없다.

습이 많아지면 이 세상 삶이 순탄하지 못하다고 말한 이유가 바로 이것이다.

삶의 어떤 것에도 관심이 없고 하고자 하는 마음도 없다. 그냥 '사는 데까지 살다가 때가 되면 저 세상 가면 된다.'는 식이다. 이런 사람이 부질없다고 말하면 그 말은 대단히 설득력이 있다. 말과 행동이 일치하기 때문이다. 행동도 그렇게 하기 때문에 그 사람의 힘없이 하는 말 한마디는 역으로 큰 힘을 갖는다.

그래서 사람들은 그를 보고 '도대체 왜 사냐?'고 힐난을 하면서도 그 말을 배워서 써먹는다. 너나없이 부질없다는 말을 많이 하면서 사는 것이다. 그러나 당신이 말하는 '부질없다.'는 전혀 설득력이 없다. 왜냐하면 말은 부질없다고 하면서, 행동은 악착같이 살기 때문이다. 당신이 한숨을 쉬며 "세상사 모든 게 부질없다."라고 하면 "웃기고 있네."라는 반응이 돌아오는 이유가 그것이다.

이 세상 모든 일이, 돈도, 사랑도, 명예도, 그리고 죽음조차도 모두가 부질없는 그 영혼에게는 윤회가 축복이 아니라 고통이다. 그래서 신은 '해탈'이라는 또 하나의 해결책을 마련해 두었다. 영원에 가까운 긴 시간을 윤회에서 벗어나는 것이다. 그 영혼이 가진 모든 습이 다 잊혀지고 투명한 영혼이 될 때까지 쉬는 것이다.

그렇게 해탈에서 돌아온 투명한 영혼들은 다시 윤회를 시작한다.

그들에겐 이 세상의 모든 일이 신기하고 재미있다. 모든 것이 새롭고, 모든 것이 처음 보는 것들이다. 그 어린 영혼들에게는 심각한 것이 전혀 없다. 아주 사소한 일에도 깔깔거리고 웃는다. 어른이 되어서도 어린애 같은 면이 많다.

이 세상에는 사람만 여러 종류가 있는 게 아니라, 영혼도 여러 종류가 있다.

우리는 왜 끝없이 싸우는가?

이 세상엔 70억이 넘는 사람이 살고 있다.

좁쌀만한 지구 위에 너무 많이 살고 있다.

지구가 가진 자원은 아주 조금밖에 안 된다. 얼마 못 가 자원은 바닥날 것이고, 인류는 멸망을 향해 걸어가게 될 것이다. 이러건 저러건 인류는 한 겁의 막바지에 서게 되고, 서로가 마지막까지 살아남기 위해 극한의 투쟁과 다툼이 시작될 것이다. 극소수의 가진 자들을 위한 도시가 건설될 것이고, 나머지 대부분의 인류는 버려지게 될 것이다.

다툼은 왜 생기는 걸까?

이유는 단 하나, 서로 다르기 때문이다.

이 세상에 70억이 넘는 엄청난 사람이 있지만, 그 중 단 하나도 같은 사람은 없다. 상대계의 독창성 때문이다. 지역에 따라 피부의 색깔이 다르고, 여자와 남자가 다르고, 배우는 역사가 다르고, 관념이 다르다.

고정관념이란 태어난 나라에 따라 달라지기도 하지만, 그 외에도 수많은 변수가 작용한다. 받은 교육에 따라서, 또는 부모에 따라서, 친구에 따라서, 친척, 이웃에 따라서 달라진다. 또한 텔레비전, 라디오, 신문, 책 등 수많은 변수가 작용하며, 특히 종교에 따라서 만들어지는 관념은 지독하고 또 상당히 배타적으로 작용한다. 종교로 인한 전쟁이 수천 년을 이어져 왔고, 아직도 끝나지 않았을 정도로.

다른 것은 이뿐만이 아니다. 개개인의 성향을 따지면 같은 사람은 하나도 없다. 얼굴 생김은 물론이고, 키가 큰 사람, 키가 작은 사람, 힘이 약한 사람, 고집이 센 사람, 성격이 급한 사람, 게으른 사람 등등, 아무것도 같은 게 없다. 중요한 것은 위에서 나열한 것들은 후천적 요인에 의해 형성된, 즉 우리가 알 수 있는 다름이라는 것이다.

이런 다름도 많은 다툼을 만들어내긴 하지만, 우리가 알기 때문에 그나마 억지로라도 서로 이해하기도 한다. 흔히 말하듯이 입장을 바꿔 놓고 생각해 보는 것이다.

그런데 우리가 전혀 알지 못 하는 다름도 있다.

과학이 발전하면서 우리가 전혀 알지 못했던 불가지의 영역도 조금씩 짐작할 수 있게 되었다. 바로 이런 것들이다. 좌뇌와 우뇌, 전두엽과 후두엽의 발달에 대한 얘기들이 많이 나오고, 거기에 따라 사람의 성향을 분석하려는 노력을 하고 있으며, 일정 부분 성공을 거두고 있다. 예컨대 좌뇌가 발달하면 운동을 잘한다는 식으로 유추를 하는 것이다.

그러나 거기에는 한계가 있다.

마치 '아기는 엄마의 난자와 아빠의 정자가 결합해, 엄마의 자궁 속에서 탯줄을 통해 영양을 공급받고 열 달 동안 자라서 태어난다.'는 식이다. 눈에 보이는 부분에 대한 분석은 가능하지만 거기서 한 발만 더 나가 눈에 보이지 않는 부분으로 가 버리면 우리 인간의 능력은 거기서 끝이다.

닭의 뱃속에서 계란이 나오는 것은 알겠는데, 도대체 닭의 알집 속에서 무엇이 어떻게 알을 생기게 만들며 노른자와 흰자를 구분되게 하는지, 왜 그런 일이 일어나는지는 모른다. 마찬가지로 엄마의 난소와 아빠의 고환에서 난자와 정자가 만들어지는 건 맞는데 무엇이 어떻게 만들어지는지는 모른다.

그 안에서 밀가루 반죽하듯 만드는가? 그럼 밀가루는 어디서 나와서? 그렇게 자꾸 파고 들어가면 모든 것은 결국 없어져 버린다. 모든 것은 없음에서 시작되기 때문이다.

그래서 분석하고 끼워 맞추는 것은 눈앞에 보이는 것까지다. 과학은 거기까지, 그 뒤의 것은 결국 불가지의 것으로 남는다. 그런데 사람의 궁금증은 거기서 끝나지 않는다. 어떤 사람은 좌뇌가, 어떤 사람은 우뇌가 발달하게 만들어지는 것은 무슨 이유에서일까? 우연히 그렇게 되는 것일까?

아니면 우리가 모르는 어떤 힘이 작용을 하는 것일까?

바로 우리가 알고 싶어 하는 원초적인 의문, 불가지의 것에 대한 질문이다.

그러나 거기에도 답은 있다. 다만 증명할 수가 없을 뿐이다.

증명할 수도 없는데, 그것이 맞는지 아닌지를 어떻게 아는가?

또는 그런 것이 있는지 없는지를 어떻게 아는가?

그것을 알 수 있는 방법은 하나뿐이다. 진리를 알면 이치를 알게 되는 것이다. 그 진리를 따라가면 우리는 불가지의 것도 알게 된다.

왜 사람은 좌뇌와 우뇌가 있으며, 왜 사람에 따라서 좌뇌 우뇌가 다르게 만들어지는가? 거기에는 무엇이 영향을 미치며, 왜 그렇게 되어야 하는 것일까? 그 이유는 한 가지밖에 없다. 바로 업으로 타고났기 때문이다.

어떤 사람은 거지의 업을 타고났고, 어떤 사람은 제왕의 업을 타고났다.

그 두 사람이 매사를 그때그때 판단해서 거지처럼, 또는 제왕처럼 행동하기는 힘들다. 자기 행동의 결과가 무엇으로 나타날지 지금은 알지도 못하는데 의식적으로 '이렇게 해야지, 저렇게 해야지.' 행동할 수도 없고, 또 그렇게 되어서도 안 된다. 만약에 '1+1 = 2'처럼 거지 운명의 행동과 제왕 운명의 행동이 명확히 정해져 있다면 그것도 큰 문제다.

거지의 운명을 가지고 온 사람이 막상 이 세상에 와서 살다 보니 '거지보다는 제왕이 좋더라.' 하고 제왕의 행동으로 정해진 행동을 하게 되면 본래 영혼의 결정은 비틀어지게 되기 때문이다. 그렇다면 다른 운명을 가지고 있는 사람은 자기도 모르게 모든 행동이 운명을 따라가도록 만들어져 있어야 되는 것밖에는 방법이 없다. 자연스럽게 그냥 하는 행동 하나하나가 그 길을 따라가도록 타고나 버리는 것이다.

그게 바로 '업'이다. 즉 자기의 행동이 어떤지 남들은 다 알아도 자기 자신은 몰라야 되는 것이다.

그럼 그 업은 어떤 형태로 타고나는 것일까?

그렇게밖에 안 되는 것, 다른 것은 있을 수가 없는 것, 진리를 적용해서 유추해 보자.

우선 저 세상에서 이 세상으로 올 때, 또는 오기 위해서 꼭 필요한 것이 있다. 그게 없으면 아무리 이 세상에 오고 싶어도 못 오는 그것!

사람은 영혼과 몸, 그리고 정신(생각)으로 이루어진 삼중의 존재라 했다.

영혼은 이 세상에도 저 세상에도 있을 수 있는 우리의 근본이지만, 몸과 정신은 다르다. 이 세상과 저 세상의 경계는 물질이다. 몸이 없으면 절대로 이 세상으로는 못 온다.

그렇다면 정신은 어떨까? 어떤 사람은 정신이 무슨 물질이냐, 영혼과 마찬가지로 무형의 것이 아니냐고 생각하는 사람이 있는데,

전혀 다르다는 걸 말해 둔다. 생각이란 쉽게 말해 컴퓨터의 칩 같은 거라 보면 된다.

컴퓨터는 작동을 위해 모니터, 전선, 기타 여러 가지 많은 부품들이 있어야 한다. 그러나 부품들만 연결되어 있다고 컴퓨터가 움직이지는 않는다. 그것을 움직이도록 명령을 내리는 칩이 장착되어야 한다.

사람도 마찬가지다. 몸을 형성하는 뼈와 살, 여러 가지 장기들, 피, 핏줄, 신경 등 모든 것들이 준비되어 있다고 해도 두뇌라는 칩이 장착되지 않으면 안 된다. 생각이라는 것은 바로 그 두뇌라는 물질로부터 오는 것이다. 그래서 생각은 영혼과는 달리 무형의 것처럼 보여도 사실은 두뇌라는 물질에 다름 아닌 것이다.

저 세상에서 편안히 쉬던 한 영혼이 심심해져서, 또는 습이 도져서 이 세상에 오기로 결정했다. 이번에는 어떤 삶을 살아 볼까 또는 어떤 그리움을 찾아가 볼까, 궁리하다 '그래, 이번에는 저 영혼들 옆으로 가서 이런 역할을 해봐야지.' 하고 결정을 내렸다.

그리고 그 역할에 가장 알맞은 몸을 만들기로 했다.

또 그 몸을 한 치의 오차도 없이 그 역할에 맞게 작동하게 해주는 컴퓨터 칩을 만들어, 두뇌의 깊숙한 곳에 심었다. 영혼의 이러한 결정은 보이지 않는 씨앗이 되어 부모의 인연을 가진 사람들의 몸속으로 흩어져 들어갔다.

이제 그 영혼은 일 년 후면 이 세상으로 온다. 그가 만든 물질의 형태로.

이런 식으로 만들어진 몸들은 영혼이 다르듯 각자가 다 다르다. 뿐만 아니라 그 두뇌에 심어진 칩 역시 다 다르다.

몸이 다르다는 것은 누구나 다 안다. 눈에 보이니까.

그러나 보이지 않는 뇌 속의 칩은 다르다는 걸 모른다.

모두들 꼭같은 뇌를 가지고 와서 교육, 훈련, 또는 본인의 노력 여하에 따라 후천적으로 다르게 발전한다고 생각한다. 그리고 바로 거기서 문제가 시작된다. 같다고 생각하는 데서.

서로 다름을 인정해 버리면 어떠한 문제도 생기지 않는다.

키도 크고 몸집이 큰 사람은 쌀가마를 번쩍 들 수 있다. 그런데 몸집이 작고 왜소한 사람이 쌀가마를 못 들면 모두들 그러려니 한다. 서로 다름이 눈에 보이는 까닭에 인정을 하는 것이다.

그러나 같은 교실, 같은 선생님 밑에서 배우는 아이가 공부 잘하고 못하는 것은 서로 다르다는 걸 인정하기보다는 노력을 덜 하는 것으로 판단해 혼을 낸다. 과연 그럴까? 책상 앞에는 공부 못하는 아이가 더 오래 앉아 있는데.

사람의 뇌 속에는 사람의 숫자만큼이나 많은 서로 다른 칩들이 들어 있다. 같은 얼굴, 같은 사람이 없듯이 그 사람들의 뇌 속에 들어 있는 칩도 같은 것은 하나도 없다. 다만 보이지 않고 알 수 없기 때문에 우리는 그것이 서로 다르다는 걸 모를 뿐이다.

모두들 그들의 정해진 운명을 향해 갈 수밖에 없도록 행동하게 프로그램된 서로 다른 칩들이 들어 있는 것이다. 그러면 그것들은 어떻게 다를까? 물론 원초적으로 같은 것은 하나도 없다. 뭐가 달라도 다르다. 그렇게 나누면 이 세상사람 수만큼 수십억 개의 다름으로 나누어진다. 그래서는 나누는 의미가 없어진다.

그래서 소소한 것들은 접어 두고, 큰 틀에서 한번 나누어 보겠다.

두뇌를 컴퓨터 칩과 비교해서 말하면 '하드웨어의 용량이 크고 발달한 뇌'와 반대로 '소프트웨어가 용량이 크고 발달한 뇌'로 나눌 수 있다.

그 두 사람은 모든 행동의 패턴이 다르다.

'됫글을 배워서 말글을 쓰는 사람이 있고, 말글을 배워서 됫글도 못 쓰는 사람이 있다.'는 옛말이 있다. 바로 위에서 말한 두 사람의 차이를 가장 잘 표현한 말이다.

두 가지 뇌의 가장 큰 차이는 '숲을 보는 것'과 '나무를 보는 것'이다.

하드웨어를 가진 두뇌는 무슨 일이든 그 속으로 들어가 하나하나 알려고 한다. 반대로 소프트웨어의 뇌는 작은 것은 웬만하면 그냥 넘어가고 전체를 보려고 한다. 그 두 사람은 어릴 적부터 행동이 많이 다르다.

하드웨어 두뇌는 초등학교에 들어가면서부터 가르치는 대로 하나하나 받아들인다. 가르쳐 주는 대로 글씨도 또박또박 잘 쓴다. 왜 배워야 하는지, 그걸로 뭘 할 수 있는지 그런 것을 알려고 하지 않는다. 다만 가르쳐 주는 대로 배우고 익힐 뿐이다.

그러나 소프트웨어 두뇌는 가르쳐 줘도 잘 따라하지를 못한다.

왜 이런 것을 해야 하는지, 그걸로 뭘 할 건지를 이해하기 전에는 따라하려 들지 않는다. 다만 '이러이러한 것이 있구나.' 하는 윤곽만 기억해 둔다. 그러다 어느 순간, 그것이 필요한 일이 생겼을 때, '아하! 이것이 여기에 쓰는 것이었구나.' 하고 알게 되면 아주 빨리 습득하고 응용한다.

저 두 사람의 생각은 전혀 달라서, 서로 이해한다는 것이 불가능하다.

한 사람은 숲 전체를 보고 숲 얘기를 한다.

한 사람은 그 숲 속으로 들어가서 나무 하나하나를 보고 나무에 대해서 얘기한다.

숲을 보는 사람은 그 속에 어떤 나무들이 어떻게 자라고 있는지 대충은 알지만 정확하게는 모른다. 숲속에 어떤 나무들이 어떻게 자라는지 세밀하게 알고 있는 사람은 숲 전체의 모양은 모른다.

이 두 사람이 만나서 얘기하면 서로 말이 안 통하고 답답하다.

같은 회사에서 일을 한다면 서로 다투는 일이 많아진다.

앞의 사람은 회사를 운영하는 방법이라든지, 전체 조직 구성, 노력 대비 효율을 극대화하는 방법 등을 생각한다. 이런 사람들은 전체에 대한 구상은 잘하지만 실제로 자기가 맡은 일에 대해서는 세밀하게 처리하지 못한다.

그러나 뒤의 사람은 '우선 네 할 일이나 똑바로 하라.'고 한다.

그 사람의 뇌는 전체에 대한 그림을 그리는 능력이 없기 때문이다. 우선 눈앞에 있는 내 할 일에 대해서는 아주 철저하게 잘 처리한다.

누가 우두머리의 업을 타고 났을까?

소프트웨어가 발달한 사람은 직장 생활을 잘 못 한다.

남들이 보기에 정말 좋은 회사인데도 그만두고 나온다. 판에 박힌 일을 시키는 대로 해야 하는 것을 싫어하고 견디지 못하기 때문이다. 그리고 주어진 업무를 꼼꼼하고 정확하게 처리하지 못하기 때문이다.

남들이 보기에는 주어진 일도 잘 처리하지 못하면서 자꾸만 더 큰일, 더 허황된 생각만 하는 사람으로 보인다. 그런 사람들은 자꾸만 자기 일을 하려고 한다. 자기 마음대로 구상하고, 누구의 간섭도 받지 않고, 이렇게 저렇게 하고 싶은 대로 해보려고 한다.

멀쩡한 회사 그만두고 나와서 개인 사업 한답시고 이것도 해서 망하고, 저것도 해서 망하고 온갖 고생을 사서 한다. 옆에서 보는 사람은 안타깝다. 편하게 직장생활하면서 살지, 왜 저러고 사는지 이해가 안 돼서 한마디 한다. "병이야, 병!"

병이 아니다. 그렇게 만들어져 나왔을 뿐이다.

그러나 크게 성공하는 사람들은 대부분 이 사람들 중에서 나온다. 죽을 때까지 큰 소리만 뻥뻥 치면서 고생하는 사람도 대부분 이 부류의 사람들이다.

이런 부류의 사람들은 음악, 미술, 문학 등 예술가나, 크고 작은 기업의 사장들, 발명가, 장사꾼, 심지어는 길거리에서 붕어빵 행상을 하는 사람, 사기꾼 등등에 해당한다. 어쨌거나 남의 간섭이나 지시가 없는 일을 하게 되는 것이다.

반대로 하드웨어가 발달한 사람들은 어떤 직장에든 들어가면 움직이려 들지 않는다.

누가 시키면 시킨 대로 두말 않고 잘해낸다. 같은 일을 오래 반복하다 보니, 모든 달인은 다 이 부류의 사람들 중에서 나온다. 다른 일은 생각도 안 하고 그저 맡은 일만 열심히 한다. 심지어는 더 많은 연봉을 받고 같은 종류의 회사로 이직할 기회가 있어도, 그런 생각조차 하지 않는다. 누가 이렇게 하라고 시키지 않으면 스스로 뭔가를 하지 않는다.

이런 부류의 사람들은 대부분 공무원, 회사원, 연구원(발명이 아닌), 군인 등 한정된 일이 주어지는 그런 일들을 하게 된다.

소프트웨어끼리 만나 회사를 만들면 망한다.

서로 머리로만, 입으로만 일하기 때문이다.

하드웨어끼리 회사를 만들어도 망한다.

뭘 어떻게 해야 할지 방향을 못 잡기 때문이다.

뛰어난 소프트웨어와 숙달된 하드웨어가 만나면 그 회사는 성공한다.

하드웨어와 소프트웨어가 결혼하면 어떻게 될까?

아주 잘살던가, 아니면 사사건건 충돌하며 살다 이혼하던가, 둘 중 하나다.

이 두 사람은 아주 작은 것 하나를 두고도 서로 생각이 같지 않다. 서로 다름을 인정하고 양보하지 않으면 결국은 헤어지게 된다. 반면에 서로 다름을 인정하게 되면 이 두 사람은 환상의 궁합이 된다. 서로에게 없는 것을 나누어 가졌기 때문이다. 서로의 약점을 가장 잘 보완해 줄 수 있는 사람들이기 때문이다.

이 세상의 이치가 그러하다.

같은 사람은 한 사람도 없다. 그래서 제각기 다른 삶을 살게 된다. 정치가도 있고, 군인도 있고, 장사꾼도 있고, 예술가도 있고, 깡패도 있고, 거지도 있고, 부자도 있고, 목사도, 스님도, 대장도, 졸병도, 이것도, 저것도 있고, 바로 그런 다름으로 인하여 이 세상은 유지되지만, 반면에 그런 다름 때문에 모든 다툼이 생겨난다.

위에서 말한 부부처럼, 서로 다름을 인정하고, 그 서로 다름으로 해서 내가 못 하는 일을 저 사람이 해준다 생각하고 화합하여 잘살 것인지, 나와 다르다고 서로 손가락질하며 죽자고 싸우다 같이 망할 것인지, 신은 알아서 잘해봐라, 그러고 웃고 있다.

이 세상에 종말이라는 것이 올까?

갑자기 어떤 존재의 막강한 힘에 의해, 혹은 인간이 감당할 수 없는 재앙에 의해 우리가 모조리 죽게 된다는 아무 근거 없는 허황된 얘기가 종말론이다.

어느 정신 나간 종교인의 입에서 나오기도 하고, 돈벌이를 해보려는 사기꾼의 입에서 나오기도 한다. 성경, 불경, 기타 예언서의 한 구절을 제멋대로 해석해서 종말 운운하는 사람들도 있다. 요즘 같은 인터넷 세상에서는 장난으로 시작된 말에 뼈와 살이 붙어 이 세상을 한바탕 휘저어 놓기도 한다.

그런데 재미있는 것은 그런 말도 안 되는 종말론에 많은 사람들이 현혹된다는 것이다. 지나고 나면 참으로 바보 같은 얘기들에 귀가 솔깃해, 혹시나 하고 그 종말의 시간을 기다리는 것이다. 종말론은 잊을 만하면 한 번씩 세상을 흔들어 놓는다. 왜 이런 바보 같은 일이 되풀이될까?

혹시 우리 인간들 모두가 은연중에 종말이 있을 거라는 걸 알고 있는 게 아닐까? 진짜 종말이 있기나 할까? 종말이 있다면 어떤 형태일까? 지금부터 그것들에 대해 설명하고자 한다. 앞에서 누누이 강조했지만 이 세상에서(물론 저 세상에서도) 변하지 않고 적용되는 것이 있다. 바로 진리라는 거다. 누가, 무엇이 어떻게 하더라도 바꿀 수 없고 바뀌지도 않는 그것, 신도 바꿀 수 없는 그것이 진리다. 그 진리를 종말론에 적용시켜 보면 답이 나온다.

종말론이란 개념 자체가 비 물질의 세상, 저 세상과는 상관이 없다.

어떤 물질도 존재 불가능한 저 세상에는 없어질 것이 없으므로 종말도 없는 것이다. 그러므로 종말은 물질 세계에만 적용되는 개념이다. 이제 물질 세계에서의 변할 수 없는 진리란 무엇일까? '모든 것은 시작이 있으면 끝이 있다.'는 것이다.

이 세상의 모든 물질은 생겨나는 순간부터 소멸을 향해 간다. 마치 인간이 태어나는 순간부터 죽음을 향해 가듯이. 그 진리가 없으면 이 세상은 존재할 수가 없다. 모든 생물체와 무생물들이 태어나기만 하고 죽지 않는다면 어떻게 되겠는가? 이 세상이 어떤 꼴이 될지 상상해 보라.

이 책을 끝까지 읽어낸 당신이라면, 영혼의 나이가 꽤 될 것이다.

흔히 세상 사람들이 말하는 '쓸데없는 생각'을 하는 사람들인 것이다.

그리고 그런 사람들이 하는 생각의 끝이 종말론이다. 그 사람들은 은연중에 알고 있다. 지금은 아니더라도 언젠가는 끝이 있다는 것을. 신의 계획이 뭔지 모르더라도, 분명하게 말할 수 있는 것이 있다. 이 세상은 언젠가 끝난다는 것이다. 그것이 진리이므로 거기서 벗어날 수는 없다. 종말론이 힘을 얻는 이유가 바로 그것이다.

그러나 똑같이 종말론에 동조한다 하더라도, 세상 사람들이 생각하는 방식과는 조금 다르다. 어떻게 다른지 설명해보겠다.

'지금은 아니지만 종말이 온다.'는 그 말은 맞다. 그렇다면 종말은 어떤 식으로 올까? 언제 올까? 그 순간 우리 인간들은 어떻게 될까? 아무도 알 수 없고, 안다 해도 증명할 수 없는 것이라 귀가 얇은 사람은 불안하고 흔들리게 된다.

그래서 위대한 종교 지도자들께서 우리 나약한 인간들의 마음을 편히 해주기 위해 나섰다.

"이 부적을 손에 쥐고 나무아미타불을 외고 있으면 안 죽는다. 다만 부적이 조금 비싸다."

"믿는 자만을 구원하실 것이다. 돈이 많으면 무거워 하늘로 못 올라가니 내게 맡겨라.'

"나는 하나님과 친하니, 하나님의 수첩에 네 이름을 적어 놓도록 해주겠다. 그러면 너만은 구해 주신다. 다만 하나님께 왔다 갔다 해야 되니 노자가 좀 많이 든다."

이런 말들을 믿고 안 믿고는 당신이 선택할 바다. 남는 돈 많으면 좀 갖다 줘도 된다. 어차피 남는 돈 어디 쓰든 당신 마음이고, 그로 인해 마음이 편해진다면 그 또한 좋은 일 아닌가?

그런데 이렇게 종말 장사를 하는 사람들의 말에는 공통점이 하나 있다. 바로 종말이 어떤 형태로 올 것인가에 대한 설명이다. 그들 대부분은 이렇게 말한다.

"종말의 날이 오면 하늘에서 불덩어리가 우박처럼 쏟아져 내리고, 땅은 갈라지고, 큰물이 땅 위의 모든 것을 휩쓸고 지나갈 것이다. 누구도 살아남지 못할 큰 재앙이 이 땅을 덮칠 것이다."

이 말을 들으면서 필자는 웃었다. 그 말이 맞기 때문이다.

그들은 그것을 어떻게 알았을까? 자기도 모르게 알게 된 것일까? 아니면 머리를 열심히 굴려, 누구도 살아남지 못할 재앙이라면 그런 것이라 지어낸 것일까? 자, 이제 종말론에 대한 당신들의 걱정과 근심을 덜어주기 위해 정확히 설명해주겠다. 일단 종말은 있다.

모든 물질은 순환한다. 사람도 풀도 나무도 강도 산도, 이 지구와 이 우주도, 그리고 우리가 상상도 못 하는 더 큰 우주도 생겨나고 소멸한다. 우리가 우주까지 걱정할 주제는 안 되니, 일단 지구의 종말부터 얘기해보자. 지구의 종말이 곧 인류의 종말이니까.

그런데 여기서 한 가지 구분해야 될 것이 있다. 지구의 종말은 인류의 종말이지만, 인류의 종말이 지구의 종말은 아니라는 거다. 지구상의 모든 인류가 사라져도, 지구는 멀쩡할 수 있다. 지구의 환경이 변해 인류가 생존할 수 없는 환경이 되면, 어쩔 수 없이 인류는 서서히 도태할 것이다. 지금도 수많은 종류의 나무와 풀, 동물들이 멸종하고 있다. 지구라는 별에서 생존하던 어느 생물이 종말을 맞은 것이다.

지금 지구 대기권은 가스와 먼지, 온갖 찌꺼기들로 채워져 가고 있다. 그 찌꺼기들이 온실효과를 만들어 지구의 온도를 상승시키고 있다. 북극과 남극, 지구 곳곳의 모든 얼음이 녹아내리면 해수면이 높아져 생명체들의 삶의 터전을 덮칠 것이다. 그런데 이보다 더 무서운 것이 있다. 대기권의 먼지와 찌꺼기들이 태양 빛을 차단해 지구의 온도가 급격히 내려가는 것이다. 어떤 생명체도 살 수 없을 만큼.

이렇게 지구의 얼음이 녹아내리고, 빙하가 지구를 뒤덮으면서 지구의 모든 생명체들은 한 세대를 마감한다. 순환하는 것이다. 모든 생명체가 멸종하고 나면 텅 빈 지구는 오랜 세월 동안 자정 능력을 발휘한다. 깨끗이 청소가 되는 것이다.

이렇게 깨끗해진 지구에 또 다시 작은 생물들이 생기기 시작한다. 조금씩 조금씩 더 진화된 생물들이 새기고, 마침내 모든 준비가 되면 인간이 다시 이 땅에 윤회를 위해 오기 시작한다.

이것이 지구의 순환이며, 이 순환은 수억 겁의 시간을 반복해 왔다. 우리가 이 지구에 살았던 유일한 인류이며 마지막 인류라는 건 방진 생각은 제발 버리기 바란다. 우리 이전에도 수억 겁의 시간 동안 인류는 있어 왔고, 멸종했으며, 다시 생기기를 수없이 반복했다.

그러나 이것을 종말이라고 하기에는 부족하다. 우리의 머릿속에 있는 종말은 지구의 종말, 즉 지구의 종말과 함께 오는 인류의 종말이니까.

지구는 순환을 거듭하며 나이를 먹어 가고 있다. 그리고 어느 순간이 오면 마침내 지구도 없어질 것이다. 지구 내부에는 엄청난 에너지가 끓고 있다. 그게 괜히 있는 게 아니다. 지구가 순환을 마치게 되면, 이 내부의 에너지가 끓어넘칠 것이다. 순환이 잘되면 계속 식혀줄 수 있지만, 그렇게 하지 못하기 때문에 지구는 점점 뜨거워진다.

마침내 땅 속에서 불덩이들이 솟아오른다. 하늘로 솟아오른 불덩이들은 다시 땅으로 쏟아져 내리고 지구는 불바다가 된다. 그러다 마침내 폭탄이 터지듯 '뻥' 하고 터지게 될 것이다.

어떤가? '땅이 갈라지고 하늘에서 불덩이가 우박처럼 쏟아져 내린다.'는 말이 맞지 않는가? 당신도 나도, 사기꾼들도 막연하게나마 알고 있는 종말의 모습이다.

종말의 순간, 불덩이를 어떻게 피해야 할지 고민인가?

걱정 마라. 그때 우리 인간은 거기에 없다.

바꾸어 말하면, 우리가 사는 동안에 종말은 없다.

있다고 하더라도 당신이 걱정할 문제는 전혀 아니다.

■ 에필로그

당신의 영혼이 하는 일은 신도 간섭하지 못한다

한 그릇 또 한 그릇.

정화수를 떠내는 작업이 어언 십 년이 되었다.

하루에 한 그릇, 며칠에 한 그릇, 때로는 한 달 내내 한 그릇의 정화수도 떠내지 못할 때도 있었다. 정화수라는 것은 밤새도록 아주 미세한 찌꺼기 하나까지 깨끗이 가라앉은 뒤, 깨끗한 윗물을 한 그릇 싹 떠내는 것이다.

한 그릇을 떠내고 나면 그 물의 일렁거림에 물속의 작은 찌꺼기들이 일어나고, 더 이상 정화수를 떠낼 수 없다. 아주 작은 찌꺼기 하나라도 있으면 그것은 정화수가 아니다. 평생을 막노동으로 살아온 사람이라 내 속에 있는 감정의 찌꺼기들을 완전히 가라앉힐 시간을 가지기가 참으로 힘들었다.

늘 일에 시달리고, 쉬는 날이 없다 보니 나를 차분히 가라앉히고 비우는 일이 참으로 어려웠던 것이다. 이제 몸도 마음도 지치고, 기력도 떨어져, 내 자신을 다스릴 기운이 없어져 가고 있다. 끝을 낼 시간이 온 것 같다.

정리를 하겠다.

이 세상의 모든 진리와 저 세상의 모든 진리, 그 두 가지를 아우르는 신의 진리는 참으로 쉽고 단순하다.

마치 숫자와 같다.

숫자는 오직 1, 2, 3, 4, 5, 6, 7, 8, 9, 0, 그 열 개가 전부다.

더하고 빼고 곱하고 나누어 천만 가지의 변화를 일으키지만 결국은 그 열 개의 숫자 안에 있다. 그 열 개의 숫자만 있으면 아무리 작은 수도, 아무리 큰 수도 다 만들어 낼 수 있다. 사람들의 머리를 아프게 하는 골치 아픈 수학의 모든 것이 저 열 개의 숫자 안에 있다는 것이 참으로 경이롭지 않은가?

신의 진리라는 것이 그렇다. 아주 쉽고 간단하다.

그러나 그것이 조화를 부리기 시작하면 그 변화는 무궁무진하다.

그러면서 또한 그 많은 변화는 결국 간단한 진리를 벗어나지 않는다.

선문답이란 말이 있다.

간절한 심정으로 질문을 했는데 허탈하게 만드는, 의미를 알 수 없는 엉뚱한 대답을 하는 것이다. 도인들은, 또는 현자들은 선문답을 많이 한다.

아니면 그냥 허허 웃고 말거나.

그러나 그것은 그들의 잘못이 아니다. 몰라서도 아니고, 가르쳐 주기 싫어서는 더욱 아니다. 그들도 간절히 대답해 주고 싶지만 대답할 방법이 없기 때문이다.

장님이 당신에게 빨강색이 어떤 거냐고 물으면 당신은 뭐라고 대답할 것인가?

죽을 때까지 연구해도 답은 하나다.

"빨강색은 빨갛습니다."

"그러니까 그 빨간 게 어떤 거냐고요?"

"허허, 빨간 게 빨간 거지요."

유감스럽게도 당신 역시 선문답을 할 수밖에 없다.

장님이 빨강색이란 단어를 몰라서 묻는 게 아니다. 그게 뭐냐고, 어떤 거냐고 묻는 것이다. 그런데도 당신은 장님도 뻔히 아는 말인 '빨갛다'는 말밖에 못한다. 몰라서도 아니고, 가르쳐 주기 싫어서도 아니지 않는가. 다만 방법이 없을 뿐이다.

신이 만들어 놓은 가장 큰 진리는 '신 밖에 없다.'이다.

예수와 석가모니가, 그리고 우리가 아는, 또는 모르는 많은 현자들이 늘 말하는 모든 것이 이 말을 설명하는 것이라 봐도 무리가 없다. 삶도 죽음도 모두가 신의 테두리를 벗어나지 못한다. 그 모든 것을 다 합한 그것을 신이라 이름 붙였기 때문이다.

이름을 붙였다기보다는 굳이 무엇을 신이라고 해야 하는지를 묻는다면, 그 모든 것을 다 합해 놓은 전체, 그것밖에 없기 때문이다. 그런데 문제는 아주 쉬운 저 말, '신 밖에 없다.'를 우리가 이해하지 못한다는 데 있다.

"아! 예, 신밖에 없군요."

"아! 예, 빨간 건 빨간 거군요."

이러고 넘어가면 좋은데 그럴 거면 질문을 왜 했겠는가?

그래서 어떤 현자는 이 질문에 대답하기 위해 이 세상의 모든 말을 동원하고, 이 세상의 모든 실체를 빗대어 말하기 시작한다. 그가 한 한마디는 또 다른 하나의 의문을 만들어 내고, 말은 끝없이 많아지고 길어진다.

성경이 만들어지고, 불경이 만들어진다.

그리고 후세의 사람들이 자신의 생각까지 거기에 보태어 책은 점점 더 두꺼워진다. 그럴수록 신은 점점 더 혼란스럽고, 애매모호한 존재가 되어간다.

화가 난 사람들은 현자를 못 박아 죽여 버린다.

신밖에 없다.

이 말은 신의 본 모습을 한마디로 표현한 것이다.

이것을 쪼개지 않으면 우리의 의문을 단 하나도 풀어내지 못한다.

신밖에 없다면 우선 신 안에는 무엇이 있을까?

신 안에는 두 개의 다른 계가 있다.

이승과 저승, 실체의 세계와 비 실체의 세계, 미지의 세계와 불가지의 세계, 절대계와 현상계, 뭐라고 표현하든 위의 두 계가 존재한다. 두 개의 계가 있어야 하는 까닭은 순환을 해야 하기 때문이다. 한 개의 계밖에 없다면 순환할 수가 없고 순환하지 않는 것은 존재가 불가능하다.

한 번 있어 버린 것은 그걸로 끝이기 때문이다.

이 두 계의 순환에는 질서가 있어야 한다.

그렇지 않으면 엉망이 되어 버린다.

그러면 그것 역시 존재가 불가능해진다.

그래서 신은 순환을 위한 몇 가지 진리를 만들어 두 계를 유지하고 있다. 진리는 그렇게밖에 안 되는 것이다. 신도 거부할 수 없고, 바꿀 수 없으며, 벗어날 수 없는 것이 진리다.

신의 진리는 단순하다. 쉽다. 마치 열 개의 숫자처럼.

그러나 그 열 개의 숫자가 천변만화하듯, 진리 역시 순환하면서 천만 가지 변화를 만들어 낸다. 그러나 그 이치를 알면 모든 것은 단순한 진리의 틀 안에 있다. 물이 천만 가지의 길을 돌아다니지만 결국은 낮은 곳으로 오듯이.

깨달은 현자란 그 물을 따라다니지 않아도 어디로 올 것인지 아는 사람들이다. 현상에 얽매이지 않으면 앉아서 천리를 보게 되리라.

우선 이승과 저승은 나누어져 있다.

절대로, 누가 뭐래도 오고 가지 못한다.

저승으로 가고 싶으면 모든 실체를 버리면 된다. 인간의 언어로

'죽는다'는 것이 그것이다. 슬픔과 기쁨, 원망과 분노를 포함한 모든 생각까지도 실체이므로 가지고 갈 수 없다.

그리고 이승으로 오고 싶으면 실체를 가지고 오면 된다.

지금 당신이 입고 있는 '몸'이라는 옷이다. 그리고 고성능 컴퓨터에 기본 칩을 장착한 두뇌, 바로 여러분의 생각과 감정을 만들어 내는 장치다. 그것만이 이승과 저승을 오고 가는 유일한 방법이다.

그렇지 않고 몸을 가진 인간이 저승에 가고, 몸이 없이 영혼이 이승에 온다면 어떤 일이 생길까? 사랑하는 내 가족을 두고 죽은 슬픔에 모든 영혼들이 울부짖고 있는 저승이 상상이 되는가? 그래서야 되겠는가? 얼핏 생각해도 '그건 아니다.'는 생각이 들지 않는가?

그래서 몸뿐 아니라 사랑, 감정, 생각, 그런 것도 실체라 가지고 가지 못하는 것이다. 반대로 영혼이 물질의 형태를 취하지 않고, 이 세상과 통해 버리면 어떻게 될까? 영혼들이 이 세상일에 개입하게 되면 이 세상은 난장판이 된다.

조상이 없는 인간이 있는가?

모든 영혼들이 자기 자식을 도우려 할 것이고, 원한을 갚으려 할 것이다.

매주 수백 만 명씩 로또 당첨자가 생기고, 길 가다가 갑자기 보이지도 않는 뭔가에 목이 졸려 쓰러지는 사람이 허다하게 생기는 세상, 상상이 가는가?

그런 일이 없게 하려고 신은 두 계를 나누어 놓았다.

결코 넘을 수 없는 선을 그어 놓은 것이다.

첫 번째 진리는 바로 그것이다.

신밖에 없으며, 그 신은 두 계로 되어 있고, 그 두 계는 나누어져 있다.

바로 전체에 대한 진리이며, 순환의 기본이 되는 진리다.

다음은 신 안에 있는 두 계의 유지를 위한 진리다.

우선 절대계의 진리는 단 하나뿐이다.

없음의 진리!

절대계에는 뭐가 있을까?

거기에는 오직 하나, 아무것도 없음만이 있다. 이 개념은 우리 인간의 능력으로는 이해할 수가 없는 것이다. 어떤 말로도 설명이 안 되며, 어떤 현자도 이걸 알게 해줄 수 없다.

아무것도 없으면 깜깜하겠네?

그 깜깜한 것도 없다. 그것 역시 실체이므로. 밝음과 어두움, 그 자체가 없다. 우리가 지금 열심히 머리를 굴리며 알고자 하는 이 생각도 거기는 없다. 모든 근심과 걱정, 사랑, 뭔가를 해야겠다는 욕망도 없으며, 미움과 원한도 없다. 너와 나라는 것도 없으며, 부모와 자식도 없다. 과거와 미래라는 것도 없으며, 당신이 아는 것, 생각하는 것, 그 모든 것이 거기에는 없다.

아무것도 없으면 답답하겠네? 그 답답함마저 거기에는 없다.

아니, 그럼 뭐가 있는데? 그 '뭐'라는 것마저도 거기에는 없다.

그냥 있다.

이렇게 절대계의 진리는 단 하나, 아무것도 없음이다.

그 없음만이 있다. 그리고 모든 있음은 없음으로부터 온다.

이 현상계의 모든 것은 그 없음으로부터 왔다.

다음은 우리들이 사는 이 세상, 현상계에 대한 진리다.

현상계의 진리는 너무 많아 전부 다 말할 수 없다.

그래서 작은 진리들, 예컨대 '물은 낮은 곳으로 흐른다. 굶으면 죽는다.'와 같은 것들은 모두 생략하고, 현상계의 유지와 순환에 관한 진리만 말하겠다.

현상계의 첫 번째 진리는 '모든 것은 무에서 왔다 무로 돌아간다.'이다. 모든 물질은 아무것도 없음의 절대계로부터 오고, 다시 아무것도 없는 절대계로 돌아간다는 것이다. 쉽게 말해서, 모든 물질에는 수명이 주어져 있다. 사람에게도 주어진 수명이 있고, 나무와 물과 우주에게도 주어진 수명이 있다. 아주 오래 사는 물질도 있지만 금방 없어지는 물질도 있다.

이 진리는 현상계에서는 첫 번째의 큰 진리지만 설명이 필요 없을 정도로 모두들 잘 알고 있다. '영원한 것은 없다.'라고 이미 알고 있다.

현상계의 두 번째 진리는 '현상계로 올 때는 각각의 역할을 가지고 온다.'는 것이다.

우리가 말하는 운명 또는 팔자라는 그것, 일단 이 세상에 와 버린 다음에는 우리는 운명에 따라야 한다. 저 세상과 달리 이 세상은 좋고 나쁨이 있다. 부자와 가난뱅이가 있으며, 기쁨과 슬픔, 성공과 실패, 미움과 고움이 있다. 그것을 미리 정해 놓지 않으면 누가 안 좋은 일을 하겠으며, 누가 싫은 일을 하겠는가. 결국은 너도 나도 제일 좋은 것 하나만 할 것이 아닌가?

그래서야 이 세상이 되겠는가?

그런데 혹 어떤 사람은 왜 내가 힘들게 살아야 하는지 의문을 가진다. 그래서 신에게 혹은 알 수 없는 그 무엇에게 원망을 한다.

왜 나한테 이러느냐고, 왜 하필 나냐고.

그 대답은 다음 세 번째 진리에서 찾으면 된다.

세 번째 진리는 '신은 당신의 운명에 관여하지 않는다.'는 것이다.

그것은 오로지 당신이 결정한다. 당신의 영혼이 고심 끝에 내린 결정이다. 당신의 영혼이 하는 일은 신도 간섭할 수 없다. 신성불가침이란 말이다.

당신의 영혼이 무엇을 하고 싶어 하는지, 이 세상에 와서 뭘 할지는 오직 당신의 영혼만이 결정하고 그 도구, 즉 거기에 맞게 당신의 몸을 만들어 온다. 그러니 이 세상에서의 일은 신을 원망할 필요가 없다.

그저 팔자려니 하고 살아야 한다.

괴로우면 괴로운 대로 묵묵히 견디며 살아 온 우리의 부모들처럼.

네 번째 진리는 '이 세상에 오는 사람은 누구든 업을 타고난다.'는 것이다.

물고기는 물에서 살도록 만들어져 나오고, 소는 물 밖에서 살도록 만들어져 나오는 것처럼, 당신도 그렇게밖에 안 되도록 만들어져 나온다.

축구를 한다고 다 박지성이 되지 않으며, 피겨를 한다고 다 김연아가 되지 않는 이유가 거기에 있다. 공부를 한다고 다 백점 맞지 못하며, 장사를 한다고 다 돈 벌지 못한다. 가수가 되고, 화가가 되고, 글쟁이가 되는 것이 노력만으로는 안 된다는 것이다. 당신이 이 세상에서 하는 모든 일은 당신의 영혼이 미리 정해 놓은 운명을 따라 가도록 설계되어진 업대로 하는 것이다,

같은 일을 해도 되는 사람과 안 되는 사람이 있다. 안 되는 데도 죽자고 그걸 붙들고 끙끙대며 사는 사람이 있고, 툭 털어 버리고 다른 일을 찾는 사람이 있다. 모두가 업대로 하는 것이다. 당신이 하고 싶다고 되는 것이 아니다.

위의 몇 가지 간단한 진리로 신은 순환을 하고 이승과 저승을 유지한다.

지금까지 당신이 읽은 글을 수학에 비유해 보자.

수학 문제를 하나하나 풀어 나가려면 죽을 때까지 풀어도 문제가 남는다. 이 글은 문제를 풀어서 보여 주는 글이 아니라 푸는 방법을 설명한 것이다.

당신이 이 세상에서 겪고 있는 모든 고통을 이 글에서 설명한 대로, 진리와 이치를 가지고 생각해 보면 해답이 나올 것이다. 그렇지 않고 당신이 겪고 있는 모든 문제를 하나씩 풀어 나가려 한다면 이 책은 한없이 두꺼워질 것이다.

개인적인 의문은 다음에 남긴 여백을 이용하여 풀기 바란다.
당신에게 신의 축복이 있기를.

여백

여기, 이 책을 다 읽었는데도 풀리지 않는 의문이 있다면 질문을 하라고 비워 놓은 자리다. 당신이 질문을 하면, 그게 어떤 것이든 나는 대답을 할 것이다. 그 대답을 이 여백에 적으라. 그러면 이 책은 당신만의 유일한 책이 될 것이다.